Martin Kluger

NÜRNBERG

Der Stadtführer durch die fränkische Metropole

context
medien und
verlag

www.context-mv.de

Martin Kluger

NÜRNBERG

INHALT

Ganz praktische Tipps – Was man wissen sollte — Kapitel 5

Um die Nürnberger Altstadt – Stadtteile, Nachbarn, Ferienstraßen — Kapitel 6

Nürnberg von A bis Z – Infos und Adressen — Kapitel 7

Mythos Nürnberg? Es gibt ihn, und genährt

wird er auch dadurch, dass in der Frankenmetropole

so vieles anders ist als in anderen Städten Deutschlands.

Die Nürnberger Eigenwilligkeiten und Eigentümlichkeiten

erklären sich aus der Geschichte der großen Stadt. Zu ihnen

gehört, dass diese Stadt gleich zwei Stadtwappen führt.

Ein Überblick über beinahe tausend Jahre Nürnberg ...

Nürnberg: Viel mehr als Bratwurst, Lebkuchen und Christkindlesmarkt

Nürnberg ist die zweitgrößte Stadt Bayerns, der innovative Mittelpunkt der Metropolregion Nürnberg, eine Messe- und Kongress-Stadt und der Standort eines boomenden Airports. Aber vor allem zählt Nürnberg im Städtetourismus zu den zehn beliebtesten Zielen Deutschlands. Auch wenn den Nürnbergern ihr Christkindlesmarkt-, Bratwurst- und Lebkuchenimage viel zu einseitig ist: Die Gäste der Stadt zieht es an. Stolz sind die Nürnberger auf „ihren" Dürer und auf die Burg. Alles andere als stolz ist man auf Nürnbergs Rolle während des „Dritten Reichs". Allerdings suchen Besucher aus aller Welt in der heutigen Friedensstadt mitunter ganz gezielt Spuren aus dieser Zeit.

Nein, wir schreiben jetzt nichts von Nürnbergs glorreicher Vergangenheit, von Burg und Reichstagen, Kaisern, Kaufherren und Künstlern, von Nürnberger Witz und Industriekultur. Gleich an dieser Stelle sei darauf hingewiesen: Das offizielle Nürnberg versteht sich vor allem als moderne Großstadt.

Und was für eine: Zusammen mit den Nachbarstädten Fürth, Erlangen und Schwabach ist die fränkische Städteregion so groß wie München, Köln oder Hamburg. Nahezu 500 000 Men-

schen leben allein in Nürnberg, das seit 2005 als Mittelpunkt einer europäischen Metropolregion zusätzlich an Bedeutung gewonnen hat – als hätte die Berufung zum Fußball-WM-Spielort Nürnberg nicht ohnehin genug ins Rampenlicht gerückt.

Bild oben: Rot und Weiß sind die Farben Nürnbergs, die überall in der Stadt auftauchen. Im Stadtbild dominiert der rote Sandstein, aus dem die Burg, die Kirchen und die Stadtmauer errichtet wurden.

In Europa zählt die NürnbergMesse zu den Top Ten. Die Internationale Spielwarenmesse ist weltweit führend und die Consumenta eine der größten Verbrauchermessen in Deutschland. Der Tagungs- und Messestandort ist mit dem modernen „CongressCenter Nürnberg" in jene erste Liga aufgestiegen, in der auch die Bundesliga-Elf seines traditionsreichen „Clubs" zurzeit spielt.

Der Blick auf die Nürnberger Burg. Die dortige Kaiserpfalz war entscheidend für das rasche Wachstum der vergleichsweise jungen Stadt, die erst seit dem Jahr 1050 nach Christus urkundlich belegt ist.

Der Hauptmarkt ist das „Herz" der Altstadt. Hier findet der Christkindlesmarkt statt, zu dem jährlich geschätzte zwei Millionen Besucher strömen.

Apropos sehen – dass wirtschaftlich was abgeht in der Stadt, zeigt unübersehbar der 135 Meter hohe Tower der Nürnberger Versicherungsgruppe, der neben der Burg und den Türmen der Sebalduskirche und der Lorenzkirche die Stadtsilhouette dominiert.

Womit uns spätestens jetzt doch schon wieder die Stadt der Reichstage und Glanz und Glorie der Gotik eingeholt hätte. Besucher der Stadt wollen nun mal, unbeeindruckt von der Strahlkraft der Gegenwart, den Glanz der stolzen Vergangenheit bewundern. Das heißt: Man pilgert hinauf zur Burg und/oder zum nahen Dürerhaus, besichtigt die Sebalduskirche und die Frauenkirche (bestaunt dort das „Männleinlaufen") und begeistert sich in der Lorenzkirche für weltberühmte Kunstwerke wie den „Englischen Gruß" von Veit Stoß und das Sakramentshaus von Adam Kraft. Zurück am Hauptmarkt, dreht man am Messing-Ring des Schönen Brunnens und wünscht sich dabei was.

Denn das ist das Vertrackte an Nürnberg: Bei aller Zukunftsgewandtheit der Stadtoberen zeugt das vom roten Sandstein dominierte Stadtbild doch deutlich von der Vergangenheit. Der „nicht-offizielle" Nürnberger tut sich ohnehin schwer mit den neuen Zeiten und ihren „gloubl bleirn" – er spricht weiterhin eine seltsame Sprache, sagt „edzerdla" oder „Allmächd" und

Bild rechts: Vom Flugzeug aus genießt man einen wunderbaren Blick auf die Nürnberger Burg mit ihren mit vielen Bäumen bewachsenen Basteien.

Die Metropolregion

Seit April 2005 ist Nürnberg offiziell Zentrum der Metropolregion Nürnberg. Bis zu jenem Zeitpunkt gab es deutschlandweit nur sieben Metropolregionen. Das Prädikat unterstreicht Leistungsfähigkeit und Bedeutung dieses Wirtschaftsstandorts. Mit seiner Ernennung hat es der Großraum Nürnberg nunmehr „schwarz auf weiß", dass er zu den wichtigsten Wirtschaftsräumen Europas zählt. Geografisch umschließt die Metropolregion Nürnberg ganz Mittelfranken, nahezu ganz Oberfranken, zwei Landkreise Unterfrankens und etwa die Hälfte der Oberpfalz.

Die Zahlen sind beeindruckend: 3,5 Millionen Menschen leben in der Metropolregion, 150 000 Unternehmen sind in ihr tätig, und beinahe 1,8 Millionen Menschen gehen hier ihrer Arbeit nach. 103 Milliarden Euro werden in der fränkischen Metropolregion jährlich umgesetzt – mit „Lebkuchen und Laptop" und „Innovation im Zeichen der Burg", wie die Presse titelte. Nürnbergs Nachbarn Fürth und Erlangen tragen nicht eben wenig zu dieser Bedeutung bei. In Fürth lebt der Unternehmergeist von Max Grundig, Paul Metz oder Adolf Ochs weiter (Letzterer gründete die „New York Times"). Erlangen wird von Siemens, dem größten Arbeitgeber der Region, geprägt. Institute, Kliniken und Labore der Friedrich-Alexander-Universität sind kaum zu übersehen. Die „Hightech-Schmiede" Metropolregion Nürnberg ist auch das Zentrum der deutschen Spielwarenbranche.

Das ist die eine Seite Nürnbergs: mittelalterliche Burg- und Fachwerkromantik zwischen dem Dürerhaus und dem Pilatushaus (links). Ins idyllische Burgviertel strömen Gäste aus aller Welt.

Die andere Seite Nürnbergs zeigt das topmoderne CCN CongressCenter. Jährlich besuchen mehr als 1,3 Millionen Menschen den Messeplatz Nürnberg.

kaut genüsslich auf „Drei im Weckla", den „Sauren Zipfeln" oder dem allgegenwärtigen „Schäuferle".

Dem Touristen ist das eh alles egal: Er bestellt schon mal ahnungslos sieben Rostbratwürste – in Nürnberg ein unverzeihlicher Fauxpas – sieht das moderne Nürnberg bestenfalls als notwendigen Rahmen für das Sightseeing und die Nürnberger als Statisten beim

Die Geschichte

1050: Erstmalig wird „Nourenberc" in einer Urkunde erwähnt, mit der die Leibeigene Sigena bei einem Hoftag Heinrichs III. freigelassen wird. Nürnberg ist somit wesentlich jünger als die von Römern gegründeten bayerischen Städte Augsburg und Regensburg, aber über 100 Jahre älter als München.

1219: Kaiser Friedrich II. verleiht Nürnberg den Freiheitsbrief und sichert die rechtliche und wirtschaftliche Stellung der Stadt und der Kaufleute.

1349: Kaiser Karl IV. erlaubt den Abriss des Judenviertels. Dadurch entsteht der Hauptmarkt.

1356: Kaiser Karl IV. unterzeichnet das Reichsgesetz der „Goldenen Bulle", das jeden neu gewählten deutschen Herrscher verpflichtete, seinen ersten Reichstag in Nürnberg abzuhalten.

1424: Kaiser Sigismund verfügt, dass Nürnberg auf ewig die Reichskleinodien aufbewahren soll (1796 bringt man sie nach Wien, von 1938 bis 1946 sind sie noch einmal in Nürnberg).

14. bis 16. Jahrhundert: Wirtschaftliche und technische Hochblüte Nürnbergs. 1390 baut Tilman Stromer die erste Papiermühle Deutschlands. Seit 1469 druckt man mit der Gutenberg-Presse. Nürnberger Waffenschmiede erfinden Schnappschloss und gezogenen Lauf. 1492 entsteht der Globus von Martin Behaim. „Nürnberger Witz" und „Nürnberger Tand" werden sprichwörtlich.

Schon früh handeln Nürnberger Kaufherren – später Pfeffersäcke genannt – mit indischen Gewürzen. Dem Reichtum folgt ab 1470 die kulturelle Blüte der Stadt: Albrecht Dürer, Hans Sachs, Veit Stoß, Adam Kraft, Peter Vischer d. Ä., Reformator Philipp Melanchthon und mehrere Humanisten wirken in Nürnberg. Der Buchdrucker Anton Koberger betreibt den größten Verlag Europas.

1649: Mit dem Friedensmahl im Rathaus feiert (das protestantische) Nürnberg das Ende des Dreißigjährigen Kriegs.

1806: Kaiser Napoleon gliedert Nürnberg in das Königreich Bayern ein.

ab 1835: Die erste deutsche Eisenbahn fährt zwischen Nürnberg und Fürth. Im Industriezeitalter erringen Spielzeug- und Bleistiftindustrie Weltruf. Elektroindustrie und Maschinenbau erlangen europaweite Bedeutung.

1927: Erster Reichsparteitag der NSDAP in Nürnberg. Ab 1934 wird auf dem ehemaligen Reichsparteitagsgelände gebaut. 1940 enden die Arbeiten.

1935: Die „Nürnberger Gesetze" (Rassegesetze) werden verabschiedet.

1941 bis 1945: 59 Luftangriffe während des Zweiten Weltkriegs zerstören große Teile des alten Nürnbergs.

1945/1946: Die „Nürnberger Prozesse" werden zu einem weltweit beachteten Meilenstein des Völkerrechts.

2000: Nürnberg wird 950 Jahre alt.

Bereits vor 175 Jahren nahm die Lokomotive „Adler" den regulären Betrieb zwischen Nürnberg und Fürth auf. Der Nachbau der „Adler" machte 2008 Station im Nürnberger Hauptbahnhof.

Gleich hinter der Staatsoper steht das 2010 nach aufwendiger Sanierung wiedereröffnete Schauspielhaus. Die moderne Kulturstätte bietet ein breitgefächertes Angebot.

Christkindlesmarkt-Bummel und bei der Stadtbesichtigung.

Zu groß ist einfach das Interesse an dem, was Nürnberg weltweit berühmt gemacht und dazu beigetragen hat, dass die Frankenmetropole neben Neuschwanstein, Rothenburg oder Heidelberg auch bei japanischen und amerikanischen Touristen auf dem Pflichtprogramm steht. Ausländische

Besucher freilich betrachten die Stadt nicht allein unter dem Aspekt der Städteromantik – sie fragen schon mal ganz gezielt nach dem ehemaligen Reichsparteitagsgelände oder jenem Gerichtssaal 600, in dem 1945 und 1946 die international beachteten „Nürnberger Prozesse" stattfanden.

Die Zeit des „Dritten Reichs" ist eines der Kapitel in der Stadtgeschichte, auf das die Nürnberger nicht gerade stolz sind. Doch diese Stadt stellt sich der Verantwortung: Vor dem viel besuchten Germanischen Nationalmuseum zeugt heute die „Straße der Menschenrechte" vom Kampf gegen die unselige Vergangenheit. Auf dem ehemaligen Reichsparteitagsgelände wurde das Dokumentationszentrum mit seiner Dauerausstellung „Faszination und Gewalt" installiert. Für solche Aktivitäten wurde die Stadt Nürnberg als erste Kommune weltweit mit dem UNESCO-Preis für Menschenrechtserziehung ausgezeichnet.

Das Doku-Zentrum ist nur eine jener Gedenkstätten und Museen, die Nürnberg eine europaweit herausragende Stellung verleihen. Das Germanische Nationalmuseum ist das größte kunst- und kulturgeschichtliche Museum im deutschsprachigen Raum und eines der bedeutendsten weltweit (etliche von Dürers Gemälden findet man hier). Dass jährlich einige hunderttausend staunende Besucher kommen, ist den Nürnbergern jedoch noch nicht genug. Sie inszenieren ihre Museumslandschaft neuerdings als Bühne und präsentieren die ruhmreiche Vergangenheit entstaubt als lebendiges Museums-

Große Nürnberger

Martin Behaim (1459–1507): Der Kaufmann, Seefahrer und Kosmograf initiierte den ältesten erhaltenen Globus.

Albrecht Dürer (1471–1528): Weltweit bekanntester deutscher Künstler. Er war Maler und Zeichner, Goldschmied und Architekturtheoretiker.

Peter Henlein (um 1485–1542): Der Schlosser gilt als Erfinder der ersten Taschenuhr, die zwei Tage richtig lief.

Adam Kraft (um 1455/60–1509): Der spätgotische Steinbildhauer schuf das Sakramentshaus in St. Lorenz.

Maria Sybilla Merian (1647–1717): Die frühe Naturforscherin und Künstlerin wurde bekannt durch ihre Insekten- und Pflanzenporträts.

Hans Sachs (1494–1576): Schuhmacher, der berühmteste deutsche Poet des 16. Jahrhunderts und Meistersinger – er setzte sich für Luthers Lehren ein.

Sigmund Schuckert (1846–1895): Der Mechaniker und Industrielle arbeitete für Edison. Später wurde er zum Mitbegründer der heutigen Siemens AG.

Veit Stoß (um 1450–1533): Er war einer der bedeutendsten Bildhauer und -schnitzer der Spätgotik. Er schuf den Englischen Gruß in der Lorenzkirche.

Peter Vischer d. Ä. (um 1455/60–1529): Das Mitglied einer Erzgießer-Familie ist der Schöpfer des Sebaldusgrabs.

Tipps

Tourist Information: Ohne Orientierung in der fremden Stadt? Die „Tourist Information" findet man im modernen Glaskubus der „Nürnberg Info" beim Hauptbahnhof (Königstraße 93). Eine zweite „Tourist Information" ist am Hauptmarkt 18 mitten in der Altstadt. Hier erhält man Auskünfte und Informationsmaterial. Kontakt unter Telefon 09 11/23 36-0 oder im Internet unter: www.tourismus.nuernberg.de

Stadtführungen: Zweistündige Stadtrundgänge finden täglich um 13.30 Uhr sowie zusätzlich von Mai bis Oktober samstags um 10.30 Uhr und 19.30 Uhr und sonntags um 10.30 Uhr statt. Treffpunkt ist die Tourist Information am Hauptmarkt.

Themenführungen: Vielfältige Themen-, Kostüm- und Kinderführungen bietet der Verein der Gästeführer Nürnbergs an. Auskünfte dazu gibt es ebenfalls bei der Tourist Information oder direkt unter: www.nuernberg-tours.de

Geschichte und Geschichten: Spannende Themenführungen organisiert das Institut für Regionalgeschichte „Geschichte Für Alle e.V.". Infos unter Telefon 09 11/3 07 36-0 oder im Web unter: www.geschichte-fuer-alle.de

Stadtrundfahrten: Vom Reisebus über das „Citybähnchen", vom solarbetriebenen „Velotaxi" bis zur Limousine mit Chauffeurservice – in Nürnberg gibt es viele mobile Möglichkeiten, um die Stadt zu erkunden.

theater. Dabei genießt die zeitgenössische Kultur hier ohnehin einen hohen Stellenwert.

Trotzdem: Ungeschlagen in der Gunst des Publikums ist und bleibt der Christkindlesmarkt mit jährlich über zwei Millionen Besuchern. An manchen Tagen steuert eine wie von Menschen gebildete Lawine die Stände mit Nürnberger Rostbratwürsten, Nürnberger Lebkuchen, Rauschgoldengeln und „Zwetschgenmännla" an.

Dass ein solcher Massenandrang überhaupt möglich ist, verdankt Nürnberg zum großen Teil seinem hervorragend ausgebauten Nahverkehrssystem. Und dass man hier mit der U-Bahn und der S-Bahn, per Bus und Straßenbahn überall schnell und bequem ankommt, schätzen Städtetouristen, Geschäftsreisende, Messe- und Tagungsgäste gleichermaßen. In seine Bedeutung als Verkehrsdrehscheibe hat Nürnberg in den letzten Jahren ständig investiert. Nicht nur, dass der Flughafen in Nürnberg ein Aufkommen von jährlich über vier Millionen Passagieren zählt. Auch der Hauptbahnhof wurde rundherum saniert und präsentiert sich gleichsam „im Nebenerwerb" als ein schickes Einkaufszentrum mit einer Schalterhalle im Jugendstilambiente.

Selbstverständlich debütierte die erste fahrerlose U-Bahn Deutschlands in Nürnberg. Aber was erwartet man schon anderes von dieser vom sprichwörtlichen „Nürnberger Witz" geprägten Stadt, in der 1835 die erste deutsche Eisenbahn fuhr – wenn auch bloß bis ins „ungeliebte" Fürth?

Wichtige Sehenswürdigkeiten

Burg: Die Bauten der Burg dominieren das Stadtbild. Von hier aus bietet sich ein einzigartiger Blick über die Stadt.

Hauptmarkt: Im „Herz" der Altstadt findet man den Schönen Brunnen, die Frauenkirche, den Christkindlesmarkt.

Albrecht-Dürer-Haus: Hier wohnte Dürer bis zu seinem Tod, heute ist das Haus als Gedenkstätte eingerichtet.

Lorenzkirche: Größter und künstlerisch bedeutendster Sakralbau der Stadt mit Werken von Veit Stoß und Adam Kraft.

Sebalduskirche: Seit 1230 erbaut, mit romanischem Westchor und gotischem Ostchor. Sebaldusgrab Peter Vischers.

Germanisches Nationalmuseum: Als Museum ein „Muss". Das Foyer liegt an der Straße der Menschenrechte.

Nürnberg sei ein „Dreiklang von Dürer, Christkindlesmarkt

und Bratwürsten", schrieb ein Autor. An dieser Behauptung

ist etwas dran, weil damit in einem Atemzug drei der

touristischen Zugpferde der Stadt genannt werden.

Die vierte Attraktion ist die berühmte Nürnberger Burg.

Sie ist seit einem Jahrtausend das buchstäblich

alles überragende Wahrzeichen der Stadt.

Die alles überragende Burg ist das tausendjährige Wahrzeichen Nürnbergs

Sie ist die Keimzelle und das dominierende Bauwerk Nürnbergs – die Burg mit ihren drei „Bauabschnitten": erstens der Kaiserburg, zweitens der nur teilweise erhaltenen Burggrafenburg sowie drittens den Burgbauten der Freien Stadt Nürnberg. Mehr als tausend Jahre ist die Kaiserpfalz alt. Über ein halbes Jahrtausend – von 1050 bis 1571 – stand die Nürnberger Burg im Brennpunkt der deutschen Geschichte.

Unter den zahlreichen Burgen und Schlössern Deutschlands ist nur Neuschwanstein noch bekannter. Doch im Gegensatz zum erst im 19. Jahrhundert im anachronistischen „Zuckerbäckerstil" errichteten Schloss des Bayern-Königs Ludwig II. ist die Nürnberger Burg ein zentrales Denkmal der deutschen Geschichte. Dass sie über tausend Jahre alt ist, ermittelten erst in jüngerer Vergangenheit Archäologen bei Grabungen im Burghof.

Die Kaiserpfalz über Nürnberg gilt als Keimzelle der Stadt. Von 1050 bis 1571 weilten ausnahmslos alle Kaiser des Heiligen Römischen Reiches Deutscher Nation mehr oder weniger lang auf dieser Burg. Sie ist heute der Inbegriff einer Burg des Mittelalters, das Wahrzeichen Nürnbergs und zudem eine zigtausendfach reproduzierte Ansicht auf jenen Dosen, in denen Nürnberger Lebkuchen um die Welt gehen. Nicht zuletzt sorgen Tourismuswerbung und Medien dafür, dass die Silhouette der Burg weltberühmt ist.

Das einzige, wenn auch unbedeutende Problem an der Sache: „Die" Burg

Bild oben: Das nächtlich beleuchtete Wahrzeichen Nürnbergs – die Burg.

gibt es streng genommen gar nicht. Was auf dem 50 Meter hohen Sandsteinfelsen steht, ist vielmehr ein Konglomerat von zwei Burgen und späteren reichsstädtischen Bauten, das sich hier im Lauf der Zeit auf 220 Metern Länge und 50 Metern Breite ausgedehnt hat. Wer also Nürnberger Burg sagt, meint deshalb erstens die Kaiserburg, zweitens die Überreste einer (1420 weitgehend zerstörten)

Im Vorhof der Kaiserpfalz: der Blick auf den Heidenturm über der Doppelkapelle (links), auf das kleine Brunnenhaus (in der Mitte) und das Sekretariatsgebäude (ganz rechts).

Eng ging es zu auf dem Sandsteinfelsen über Nürnberg: Der Sinwellturm gehörte zur Kaiserburg, die Walpurgiskapelle bereits zur Burggrafenburg. Von der Freiung dazwischen sieht man weit ins Land.

Die Kaiserburg

Links vom Sinwellturm liegt die Kaiserburg. Zwischen Sinwell- und Fünfeckturm
(im Foto ist nur sein Dach zu sehen) lag
die Burggrafenburg. Vom Fünfeckturm bis
zum Luginsland (ganz rechts) erstrecken
sich die reichsstädtischen Burgbauten.

Burggrafenburg sowie drittens die
von 1377 bis 1495 entstandenen Bauwerke der Reichsstadt Nürnberg.

Zur verwirrenden Geschichte der Burg
gehört, dass sie heute wieder zwei

Die Burggrafenburg | Die reichsstädtischen Bauten

Sehenswert

❶ Luginsland: Von der Reichsstadt Nürnberg 1377 zur Überwachung der damals noch existierenden Burggrafenburg errichtet

❷ Kaiserstallung: 1494/95 über dem früheren Burggraben erbaut

❸ Fünfeckturm: Teil der Burggrafenburg, heute ältestes Bauwerk der Burg (um Mitte des 12. Jahrhunderts)

❹ St. Walpurgis: die Kapelle der Burggrafenburg, 13. Jahrhundert

❺ Burgamtmannsbau (um 1430)

❻ Hasenburg mit dem Himmelstor, dem Zugang von der Altstadt zur Burg

❼ Sinwellturm: Bergfried der Kaiserpfalz, seine heutige Form entstand 1561, jetzt ist er ein Aussichtsturm.

❽ Sekretariatsgebäude (um 1487)

❾ Tiefer Brunnen: Brunnenhaus, 1563 über dem 50 Meter tief in den Felsen gehauenen Brunnenschacht errichtet

❿ Kastellansgebäude: Dieser Bau wurde nach 1945 rekonstruiert.

⓫ Heidenturm und Doppelkapelle: zwei der ältesten Bauten der Burg

⓬ Palas mit Rittersaal und Kaisersaal sowie den Kaisergemächern

⓭ Kemenate: einst private Wohnräume des Kaisers, heute ein Burgmuseum

Blick durch das Tor zum äußeren Burghof auf Brunnenhaus und Sinwellturm. Rechts führt der Weg vorbei an der Hasenburg und der Stallung zum Himmelstor hinab.

Besitzer hat: Der Freistaat Bayern verwaltet die Kaiserburg, die Stadt Nürnberg die östlich anschließenden Bauwerke. Da überrascht es kaum noch, dass diese Burg gleich drei Eingänge hat. Von der Altstadt kommt man heute über den steilen Weg durch das südlich gelegene Himmelstor. Von Norden führt das frühere Haupttor (Vestnertor) zur Burggrafenburg. Beim Tiergärtnertorturm leitet eine Treppe gleichsam als „Schleichweg" zur Gasse „Am Ölberg" und von dort durch ein Tor in der Basteimauer in den Burggarten.

Lässt man kürzer geratene Türmchen beiseite, hat die ganze Burganlage vier „richtige" Türme. Sie erleichtern es, das Durcheinander der Wohngebäude und Kapellen, Stallungen und Speicher, Höfe, Wehrmauern und Tore

auseinanderzuhalten und zuzuordnen. Markantester und zentraler Orientierungspunkt ist der Sinwellturm. Alles, was westlich dieses runden Turms liegt, gehört zur Kaiserburg. Zwischen dem Sinwellturm und dem Fünfeckturm liegt das Areal der ehemaligen Burggrafenburg. Und östlich des Fünfeckturms liegen die reichsstädtischen Burgbauten: Der Luginsland-Turm ist ihr äußerster Punkt.

Die Kaiserburg ist der höchstgelegene und älteste Teil der Nürnberger Burg. Der runde Sinwellturm, von Weitem am vorkragenden Turmaufsatz leicht zu erkennen, ist das Wahrzeichen der Burg und für ganz Nürnberg. Er markiert die östliche Begrenzung des Vorhofs der Kaiserburg. Dieser äußere Burghof endet im Westen nach dem viereckigen Heidenturm. Dort ist das Eingangstor zum inneren Burghof. Er hat die Form eines unregelmäßigen Rechtecks, das von Palas, Kemenatenbau, Kastellansgebäude sowie nördlicher Burgmauer gebildet wird.

Der Blick von der Vestnertorbastei: Der Fünfeckturm war der Bergfried der Burggrafenburg. Die Kaiserstallung dahinter schloss erst ab 1495 die Lücke zwischen Fünfeckturm und Luginsland (links).

Was spektakulär ist an den äußerlich eher schlichten Bauten der Kaiserburg, entdeckt man bei einer Besichtigung (mehr zu Öffnungszeiten und Führungen im Textkasten „Tipps" in diesem Kapitel). Unterm Heidenturm – dessen oberen Teil man um 1300 errichtete – liegt die romanische Doppelkapelle der Kaiserpfalz, die ab dem Jahr 1200 erbaut wurde. Dieser zweigeschossige Bau besteht aus der düsteren Unterkapelle mit einem Altar für das „Fußvolk", einer lichtdurchfluteten Oberkapelle für den Adel und einer dritten Etage – einer eigenen Empore für den Kaiser. Der spätgotische Palas (er wurde bis 1487 erbaut) beherbergt zwei Repräsentationsräume des Kaisers – den Rittersaal (im Untergeschoss) und den Kaisersaal im oberen Stockwerk.

Geschichte(n)

Mit der Burg verbindet sich die Sage vom Ritter Eppelein (eigentlich Ekkelein) von Gailingen. Dieser Raubritter wurde angeblich auf der Burg gefangen gehalten. Er sollte hier gehenkt werden. Sein letzter Wunsch war es, auf dem Weg zu seiner Hinrichtung auf seinem treuen Pferd zu sitzen. Als man Eppelein den Wunsch gewährte, gab er dem Ross die Sporen, übersprang die Burgmauer und entfloh. Die düpierten Reichsstädter mussten sich verspotten lassen: „So schnell hängen die Nürnberger keinen, es sei denn, sie hätten ihn." Den Hufabdruck an der Mauer beim Fünfeckturm meißelten Steinmetze ein. Einen Ritter Eppelein gab es aber wirklich. Nürnberg hatte unter den Fehden und Raubzügen des Strauchritters sehr zu leiden. Kurz nach einem neuerlichen Raubüberfall auf Nürnberger Kaufleute wurde er gefasst und 1381 in Neumarkt in der Oberpfalz gerädert und enthauptet.

Wohntürmchen am Burgamtmannsbau beim Vestnertor: Der Burgamtmann war der Vertreter des zumeist abwesenden Burggrafen, dessen Residenz die Cadolzburg westlich von Nürnberg war.

Hier logierten die Kaiser: Der Blick vom Burggarten auf den Palas (das Hauptgebäude der Kaiserpfalz mit den Wohnräumen der kaiserlichen Familie) und den angrenzenden Kemenatenbau (links).

Westlich schließt sich der Wohnbau an, dessen Obergeschoss drei Kaiserzimmer enthält – Empfangszimmer, Kaiserliche Stube und Eckgemach. Die daran angrenzende Kemenate beherbergte einst wohl die privateren Räume der kaiserlichen Familie. Dort besucht man das Kaiserburg-Museum. Eine Zweigstelle des Germanischen Nationalmuseums informiert hier zur Geschichte dieser Burg und ihrer Be-

deutung als Wehrbau, zu Schießpulver und Feuerwerk sowie zur Waffen- und Wehrtechnik seit dem Mittelalter.

16 Meter hoch – die massigen Mauern der Basteien nördlich der Burg.

Zurück zum Vorhof: An der südlich gelegenen Altstadtseite beginnt er mit dem Himmelstor, der (1339 erstmals erwähnten, nach dem Adeligen Has von Hasenburg benannten) Hasenburg und den Himmelsstallungen. An die nördliche Burgmauer wurde das Sekretariatsgebäude (1487 errichtet, 1564 erweitert) angebaut. An die östliche Schildmauer beim Sinwellturm grenzt der Finanzstadel von 1564.

1563 wurde das Brunnenhaus errichtet. Es überdacht den Tiefen Brunnen, der über 50 Meter tief in den Sandsteinfelsen gehauen wurde, um an das Grundwasser zu kommen. Der Sinwellturm (heute ein beliebter Aussichtspunkt) war der Bergfried der Kaiserburg und deckte die Mauer der Vorburg nach Osten. Die runde Form und den Turmhelm erhielt der im 13. Jahrhundert erbaute Sinwellturm 1561.

Direkt neben diesem markanten Wahrzeichen der Burg führt ein Tor auf die sogenannte Freiung – ein freier Platz, von dem aus man die Aussicht über weite Teile Nürnbergs genießt. Hier befindet man sich bereits auf dem Gelände der Burggrafenburg. Diese Burg bestand aus Wehrbauten, die seit dem 12. Jahrhundert errichtet wurden. Mit dem jeweiligen Burggrafen – dem ranghöchsten Vertreter des Kaisers vor Ort – lagen die Nürnberger Bürger im Dauerstreit.

Seit 1192 stellten die fränkischen Zollern die Burggrafen, Kaiser Karl IV. machte sie zu Reichsfürsten, Kaiser Sigismund 1415 sogar zu Kurfürsten von Brandenburg. 1420 ließ Herzog Ludwig der Bärtige von Bayern-Ingolstadt die Burggrafenburg zerstören. Man nimmt an, dass die Nürnberger Hilfestellung geleistet haben, weil die

Tipps

Öffnungszeiten: Die Burg ist täglich geöffnet (April bis September, von 9 bis 18 Uhr, Oktober bis März, 10 bis 16 Uhr). Die Öffnungszeiten betreffen das Innere der Gebäude und die zwei Höfe der Kaiserburg. Jederzeit zugänglich ist die Freiung zwischen der Kaiserburg und der Walpurgiskapelle. Von der Freiung ist auch der Blick über das nächtliche Nürnberg möglich.

Besichtigung: Das Innere der Kaiserpfalz (der Palas mit den Kaiserzimmern und die romanische Doppelkapelle) sowie den Tiefen Brunnen kann man nur zu den oben genannten Zeiten geführt besichtigen. Für diese Führungen gibt es aber keine festen Anfangszeiten. Sie beginnen ungefähr jede halbe Stunde und dauern rund 45 Minuten. Mit der Eintrittskarte (6 €, ermäßigt 5 €, für Kinder bis 18 Jahre Eintritt frei) kommt man auch in das Kaiserburg-Museum im Kemenatenbau. Auskünfte unter Telefon 09 11/24 46 59-0.

Aussicht: Der Sinwellturm ist ein beliebter Aussichtspunkt. Geöffnet: April bis September von 9 bis 12 und 12.45 bis 17 Uhr, Oktober bis März von 9.30 bis 12 und 12.45 bis 16 Uhr.

Gastro-Tipp: Fachwerk, Biergarten und Burgblick bietet das „Hexenhäusle" direkt vor dem Vestnertor.

Lesen: „Die Kaiserpfalz Nürnberg" heißt ein kompakter, reich bebilderter Band zur Burg- und Baugeschichte (erschienen bei Schnell & Steiner).

Truppen des Bayernherzogs durch ein (scharf bewachtes) Stadttor zur Burggrafenburg vorgestoßen sein müssen. Sieben Jahre später jedenfalls kauften die Reichsstädter dem Burggrafen die für ihn wertlos gewordene Ruine ab. Nachfahren der Nürnberger Zollern stellten etliche Jahrhunderte später die preußischen Kurfürsten und Könige sowie ab 1871 die deutschen Kaiser.

Nur noch wenige Gebäude der Burggrafenburg sind erhalten. Ihr ältester Teil ist der wohl im 12. Jahrhundert errichtete Fünfeckturm. Der 28 Meter hohe Bergfried der Burggrafenburg, an dessen Nordseite der Graben noch weitere 19 Meter tief abfällt, weist einen fast quadratischen Grundriss sowie 2,6 Meter dicke Mauern auf. Seinen Namen erhielt der Fünfeckturm wegen seiner massiven, an der Ostseite vorgesetzten dreieckigen Mauerverstärkung. Die im 13. Jahrhundert erbaute Walpurgiskapelle im Südosten und das nördlich gelegene Burgamtmannshaus sind die wichtigsten unter den anderen noch sichtbaren Bauten.

Auf alten Ansichten Nürnbergs – etwa in der dort gedruckten Schedel'schen Weltchronik – erkennt man noch den freien Platz zwischen dem Fünfeckturm der Burggrafenburg und dem Luginsland genannten Turm. 1377 errichteten die Nürnberger in kürzester Bauzeit – um die Abwesenheit des Burggrafen zu nutzen – diesen Turm in Schussweite des burggräflichen Bergfrieds. An seiner Lage als östlichster der vier Türme und am spitzen Dach mit vier kleinen Ecktürmchen ist er einfach zu erkennen. 1494/95 wurde

die „Baulücke" zwischen dem Fünf-
eckturm der Burggrafenburg und dem
Luginsland geschlossen. Der Rat der
Freien Reichsstadt ließ durch seinen
Baumeister Hans Beheim den massigen
Baukörper der Kaiserstallung zwischen
den beiden Türmen errichten und über-
baute so den früheren Burggraben.

Der Bau diente als reichsstädtisches
Kornhaus. Unter dem massigen, sechs-
geschossigen Dach mit seinen vielen
Schleppgauben verbargen sich riesige
Speicher. Benannt wurde diese Kaiserstallung nach den hier untergebrachten
Pferdeställen des Kaisers. Über dem
Portal an der Südseite der dreigeschos-
sigen Fassade des Sandsteinbaus (nun
der Eingang zur Jugendherberge) findet man ein Wappenrelief von Adam
Kraft. Die Jugendherberge in der Kaiserstallung ist wohl eine der beliebtesten Deutschlands. Weit weniger gern

*Im Burggarten: Die Grünanlage nördlich
der Burg erstreckt sich von der Vestnertorbastei im Osten über die Hauptbastei
bis zur Tiergärtnertorbastei im Westen.*

als deren Gäste wird sich der jugend-
liche Kaspar Hauser 1828 im Luginsland aufgehalten haben: Deutschlands
berühmtestes Findelkind war hier
nach seinem Auftauchen am Unschlittplatz kurzzeitig eingesperrt worden.

Einen imposanten Blick auf die Burg
hat man vom nördlich und außerhalb
der Stadtmauern gelegenen Stadtteil Johannis. Kommt man aus dieser
Richtung zur Burg, stößt man auf die

*Das Baumrondell auf der Tiergärtnertor-
bastei – dahinter der Tiergärtnertorturm.*

Basteien am Vestnertorgraben. Im Norden und Nordwesten sicherten die (jeweils 16 Meter hohe) Haupt-, Tiergärtnertor- und Vestnertorbastei – von 1538 bis 1544 als damals modernstes Festungssystem nördlich der Alpen errichtet – mit fünf Meter dicken Stadtmauern die Burg. Zwischen Stadt- und Burgmauern liegt der Burggarten, eine beliebte Grünanlage mit teils weiter Aussicht über die Stadt. Über die – jeweils hölzerne – Tiergärtnertorbrücke und die Vestnertorbrücke gelangt man heute über den Stadtgraben in die Befestigungsanlagen.

Ein genereller Hinweis: Es gibt etliche Reiseführer zu Nürnberg, und in jedem findet man abweichende Daten und Darstellungen zu Bauzeiten und Ereignissen. Was wirklich stimmt, weiß wohl niemand so genau – die Forschung hat noch Arbeit vor sich, und etliches aus der tausendjährigen Geschichte der Burg wird sich nie mehr klären lassen. Dem Reiz dieser „Bilderbuchburg" tut das freilich keinen Abbruch.

Ihr Weg zu Fuß

Ziel: Den größten Tourismusmagneten Nürnbergs sehen – erst einmal innen und dann beim Spaziergang um die komplette Burganlage.

Zeit: Ohne Führung, Museum und den Aufstieg auf den Sinwellturm zur Not auch in nur einer Stunde machbar.

Städtetouristen, deren Burgtour in der Altstadt beginnt, kommen in der Regel über das Nordende der Burgstraße zum ❶ Himmelstor. Vor diesem Tor passiert man den steilen Hang jenes Sandsteinhügels, auf dem die Burg steht. Nach dem Tor geht es im äußeren Burghof aufwärts – vorbei an der ❷ Hasenburg und an der ❸ Himmelsstallung (links) sowie am ❹ Brunnenhaus mit dem Tiefen Brunnen (rechts). Rechts vorbei am viereckigen ❺ Heidenturm und an der ❻ Doppelkapelle führt der Weg durch das Tor zum inneren Burghof mit dem ❼ Palas, der ❽ Kemenate und

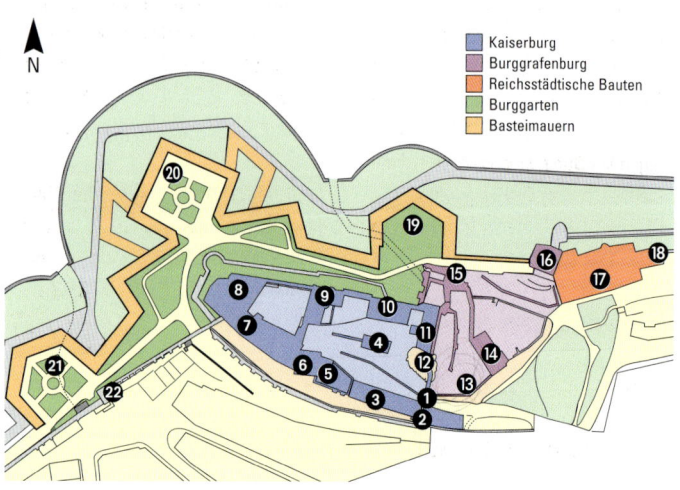

Kaiserburg
Burggrafenburg
Reichsstädtische Bauten
Burggarten
Basteimauern

dem ⑨ Kastellansgebäude. Durch das Tor des inneren Burghofs zurück kommt man zu zwei Wirtschaftsgebäuden: zum ⑩ Sekretariatsgebäude (links an der nördlichen Burgmauer) sowie zum ⑪ Finanzstadel beim ⑫ Sinwellturm.

Rechts am Sinwellturm vorbei geht es zur ⑬ Freiung mit der weiten Aussicht auf Nürnberg. Von da leitet der Weg an der ⑭ Walpurgiskapelle vorbei abwärts zum ⑮ Burgamtmannsgebäude. Hier verlässt man die Burggrafenburg: Links geht es durch einen Vorhof und einen Tunnel zum Vestnertor und zum Vestnertorgraben. Durch einen rechts davon liegenden Durchgang (danach sofort wieder links um den Burgamtmannsbau herum) führt der Weg auf die drei Burgbasteien. Scharf nach rechts und abwärts geht es zu ⑯ Fünfeckturm, ⑰ Kaiserstallung und ⑱ Luginsland.

Besonders romantisch ist der Blick auf dieses Ensemble und die zwei Türme von der ⑲ Vestnertorbastei. Von dort

Wenn der blaue Flieder wieder blüht: Frühling auf der Nürnberger Burg mit Blick auf das Sekretariatsgebäude.

spaziert man in Richtung Westen und um die ganze Burg herum. So kommt man (von April bis Oktober) durch den Burggarten und zur weiten Aussicht von der ⑳ Hauptbastei. Von dort führt der Weg weiter zur ㉑ Tiergärtnertorbastei. Hier geht es ein paar Treppenstufen abwärts und durch eine kleine Tür auf den Wehrgang der Stadtmauer beim ㉒ Tiergärtnertor. Ein Schild verspricht: „Schönster Blick auf Alt-Nürnberg – 18 Meter". Diese Auskunft stimmt exakt.

Man schaut gleichzeitig auf das Dürerhaus, auf Teile der Altstadt und auf die Burg. Über die Bastei zurück und dort treppab kommt man zum Tiergärtnertorplatz, wo sich erneut ein herrlicher Blick auf die Burg ergibt. Rechts neben dem Pilatushaus führen Stufen zur Gasse „Am Ölberg": Auf diesem Weg kehrt man zum Ausgangspunkt zurück.

Albrecht Dürer: der große Sohn Nürnbergs und sein „Dürer-Weg"

Albrecht Dürer ist der prominenteste Nürnberger aller Zeiten und seine Werke sind zu einem kunsthistorischen Weltereignis geworden, das auch heute noch Millionen Menschen begeistert. An den wohl bekanntesten deutschen Künstler erinnern nicht nur das Dürerhaus und mehrere seiner Werke im Germanischen Nationalmuseum. Durch das Nürnberg der Zeit Albrecht Dürers führt heute moderne Technik auf dem „Dürer-Weg".

Wenigstens das Dürer-Denkmal auf dem Albrecht-Dürer-Platz und das Dürerhaus in der Albrecht-Dürer-Straße am Fuße der Burg will jeder Tourist in Nürnberg gesehen haben – die Besucherschlangen und fotografierenden Scharen vor dem Haus des Meisters weisen darauf hin. Albrecht Dürer kennt eben jeder. Nur: Wissen tut man meist nicht besonders viel über ihn, auch wenn er der weltweit wohl bekannteste deutsche Künstler ist.

Albrecht Dürer porträtierte bedeutende Persönlichkeiten der Frühen Neuzeit: den Habsburgerkaiser Maximilian I., Kurfürst Friedrich III. von Sachsen ("der Weise"), Jakob Fugger ("der Reiche"), Philipp Melanchthon sowie Erasmus von Rotterdam – und natürlich immer wieder sich selbst. Dürer war der alles und alle überragende „Titan" in der Zeit des Umbruchs zwischen Gotik und Renaissance. Beeindruckend ist die Vielfalt seiner Motive – Porträts und Landschaften, Madonnen und Heilige, Studien des Körpers, der Natur und exotischer

Bild oben: Auch noch fast 500 Jahre nach seinem Tod ist der prominenteste Nürnberger aller Zeiten aktuell – Dürer war schon vor 500 Jahren ein „Netzwerker".

Dürers Denkmal auf dem Albrecht-Dürer-Platz wurde 1840 errichtet.

Tiere – und seine meisterhaft eingesetzten Techniken. Nicht nur Malerei, sondern auch Holzschnitte, Kupferstiche und Aquarelle haben ihn weltberühmt werden lassen.

Seine Selbstporträts mit wallenden Locken, seine Darstellungen von Adam und Eva und der „Vier Apostel", eines Rasenstücks, eines Hasen und eines „Rhinozeros", der „Betenden Hände" und der „Vier apokalyptischen Reiter" kennt fast jeder aus den Schulbüchern. Weit weniger bekannt ist, dass der Nürnberger auch in Architektur, Buchillustration und Goldschmiedekunst Maßstäbe setzte. Seine Traktate zur Geometrie, zum Festungswesen und zu den Proportionen des Menschen waren bis in das 18. Jahrhundert richtungsweisende Lehrbücher – Dürer war eben auch einer der bedeutendsten Intellektuellen der Renaissance.

Als Dürer am 21. Mai 1471 geboren wird – er ist das dritte von 18 Kindern der Familie – erlebt Nürnberg sein „goldenes Zeitalter". Nürnberg ist mit damals 50 000 Einwohnern neben Köln und Augsburg die wichtigste Stadt Deutschlands – eine Wirtschaftsmetropole mit Handelsbeziehungen in ganz Europa, bis Ostindien und in die Neue Welt. Künstler wie Veit Stoß und

Dieses Relief mit Dürers Porträt entdeckt man gleich gegenüber seinem Denkmal.

Umstrittenes Kunstwerk und ein Kinder-Magnet: der Dürerhase beim Dürerhaus.

Adam Kraft, Buchdrucker und Verleger, Geografen, Mathematiker, Literaten und Theologen wirken in der Stadt.

Nürnberg ist ein europäisches Zentrum der Goldschmiedekunst. Auch Albrecht Dürer d. Ä., der aus Ungarn eingewandert war, ist Goldschmied. Er arbeitet sogar für Kaiser Friedrich III. Auch seine Ehefrau Barbara stammt aus einer Goldschmiedefamilie. Die Ehefrau Albrecht Dürers d. J. (1495 wird der 23-Jährige Agnes Frey heiraten) ist die Tochter eines Rotschmieds.

Albrecht Dürer lernt zunächst in der Goldschmiedewerkstatt seines Vaters. Schon 1484, also im zarten Alter von 13 Jahren, hatte der noch kindliche Albrecht ein perfektes Selbstporträt in Silberstifttechnik geschaffen. Vater Dürer gibt den hochbegabten 15-jährigen Sohn zum benachbarten Maler

Michael Wolgemut, einem führenden Meister Nürnbergs, in die Lehre. Bei Wolgemut lernt Albrecht drei Jahre lang. Als 19-Jähriger bricht er dann zu einer ersten Studienreise auf, die ihn nach Nördlingen, Ulm, Konstanz, Basel und Straßburg führt. Vier Jahre später zieht Dürer nach Italien und lernt 1494 die Malerei Venedigs kennen.

Seine ersten großen Erfolge feiert der junge Nürnberger mit Holzschnitten und Kupferstichen, die Albrecht Dürer als eigene, nicht der Malerei untergeordnete Kunst sieht. Seine Holzschnittfolge „Die Apokalypse" von 1498 macht Dürer bekannt. In jenen Jahren porträtiert der Nürnberger bereits die Mächtigen und Reichen dieser Welt. Zu ihnen zählt der Augsburger Kaufherr Jakob Fugger, mit dessen Unterstützung er sich von 1505 bis 1507 ein weiteres Mal in Venedig aufhält. Das wichtigste Zeugnis dieses zweiten Venedig-Aufenthalts Dürers wird das „Rosenkranzfest" für die Kirche der deutschen Kaufleute werden. Für San

Nürnberg, wie es Touristen lieben – das Dürerhaus beim Tiergärtnertor.

Bartolomeo di Rialto schafft er dieses Gemälde (heute zu besichtigen in der Prager Nationalgalerie), bei dem sich die wichtigsten Männer der Zeit um die Madonna mit dem Kind versammeln. Neben dem Papst, Kaiser Maximilian I. und anderen Größen dieser Zeit stellt er sich – im Bewusstsein des eigenen Könnens auch selbst dar. Seinen Förderer Jakob Fugger porträtiert Dürer 1518 während eines Reichstags in Augsburg. Damals schaffte er – vermutlich im Auftrag Jakob Fuggers – auch das lebensnahe Porträt Kaiser Maximilians I.

Als führender Künstler seiner Zeit ist Dürer auch an der Gestaltung der Grablege Jakob Fuggers und dessen Brüder in der Augsburger Annakirche beteiligt. Nicht zuletzt wegen seiner Beziehungen zu den reichen Fuggern galt Dürer zeitweilig als Architekt dieser Grabkapelle. Gesichert ist aber nur, dass er die Epitaphe für Ulrich und Georg Fugger entworfen hat. In diesen Jahren erlaubt sich der im

Zenit seines Könnens stehende Dürer auch Ausflüge in weitere Bereiche der Kunst: So soll der Nürnberger zwei der 28 kolossalen Bronzestatuen berühmter Habsburger der Ehrenwache am Maximilian-Grabmal der Hofkirche in Innsbruck entworfen haben. Dürer illustriert Bücher für seinen Freund Willibald Pirckheimer und ein Gebetbuch Kaiser Maximilians I., er entwirft zudem Brunnen und Gedenksäulen, „Lüsterweibchen", Bilderrahmen und Vorlagen für Goldschmiedearbeiten (für einen Pokal Kaiser Maximilians I.).

Gegen Ende seines Lebens erscheinen Dürers Traktate über die Geometrie, das Festungswesen und (kurz nach seinem Tod) über die Proportionen des menschlichen Körpers. Sein wichtigstes Lehrbuch, jenes über die Kunst, kann der Nürnberger nicht mehr vollenden. 1527 schenkt Dürer, der in den

Tipps

Dürer-Weg (1): Ein tragbarer Computer mit Mini-Display und Kopfhörer führt auf dem „Dürer-Weg". Ausleihen kann man ihn (täglich außer montags) beim Dürerhaus und beim Germanischen Nationalmuseum (Ausleihe und Eintritt in beide Museen 12 €, ermäßigt 8 €, 20 € als Pfand).

Dürer-Weg (2): „Der Dürer-Weg – Dürer in Nürnberg entdecken" heißt ein reich bebilderter Band, der nicht nur zu den Stationen dieser Route führt, sondern auch Zeit und Bedeutung Dürers rasch und übersichtlich erklärt (für 9,80 €, ISBN 3921590949).

Lese-Tipps: „Dürer: 1471–1528 Das Genie der deutschen Renaissance" ist ein Hardcoverbuch von Norbert Wolf (Taschen Verlag, 9,99 €, ISBN 9783836513456). Vom gleichen Autor gibt es einen wunderschönen Bildband „Albrecht Dürer" (Prestel Verlag, 99,00 €, ISBN 9783791342085).

Souvenir: Dürer-Souvenirs und -Literatur findet man im Museumsladen direkt gegenüber dem Dürerhaus (Albrecht-Dürer-Straße 30).

Gastronomie: In der Albrecht-Dürer-Stube (Albrecht-Dürer-Straße 6) speist man bayerisch-fränkisch und fein im historischen Ambiente. In der „Alte Küch´n & im Keller"(Albrecht-Dürer-Straße 3) köchelt man vor den Augen der Gäste. Den Blick auf das Dürerhaus und auf die Burg genießt man unter freiem Himmel vor dem „Schlenkerla".

letzten Lebensjahren nur noch wenig gemalt hatte, seiner Heimatstadt die „Vier Apostel". In seiner Gesundheit von einer Reise in die Niederlande beeinträchtigt, stirbt Dürer erst 56-jährig am 6. April 1528 in Nürnberg. Auf dem St.-Johannis-Friedhof wird er beigesetzt. Das markante Monogramm Dürers ziert heute seine Grabstätte.

120 Jahre später ließ die Stadt das Grab des Meisters leeren – es gab keine Nachkommen, die sich darum gekümmert hätten. 1681 aber erwarb Barockmaler Joachim von Sandrart Dürers Grabstätte, gab ihr die heutige Form und vermachte es der von ihm initiierten Nürnberger Kunstakademie.

Albrecht Dürers Gemälde sind heute in alle Welt verstreut. Eine Weltkarte im Eingangsbereich des Dürerhauses zeigt die Museen, in denen seine Hauptwerke hängen. Als im 19. Jahrhundert ein regelrechter „Dürer-Kult" einsetzte, waren in Nürnberg von all seinen Altären, Porträts und Gedenktafeln nur noch die beiden Bilder von Kaiser Karl dem Großen und Kaiser Sigismund übrig geblieben, die der Künstler für einen der wenigen offiziellen Aufträge seiner Heimatstadt geschaffen hatte.

Der große Rest war verkauft und verschenkt worden – die „Vier Apostel", das Geschenk Dürers an Nürnberg, hatte 1627 Bayernherzog Maximilian der Stadt während des Dreißigjährigen Kriegs abgepresst. In der Alten Pinakothek in München sind diese heiligen Männer zu sehen, weshalb der immer wieder mal hochkochende Nürnberger

Patriotismus bis heute die Rückführung dieser „Beutekunst" an den Herkunftsort fordert.

Weil der Bayernkönig Ludwig I. Teile seiner Dürer-Sammlung an das Germanische Nationalmuseum auslieh, sind dort etliche Dauerleihgaben der Staatlichen Kunstsammlungen und des Wittelsbacher Ausgleichsfonds bis heute in Nürnberg zu bewundern.

Albrecht Dürers Monogramm ziert die Bronzetafel seiner Grabstätte.

Die beiden Kaiserbilder sind ebenso zu sehen wie Dürers weniger gut erhaltenes „Zweit-Porträt" des Habsburgers Maximilian I. Daneben beherbergen die Grafischen Sammlungen im Germanischen Nationalmuseum zahlreiche Zeichnungen, Aquarelle und Druckgrafiken Dürers.

Auf dem Nürnberger Johannisfriedhof wurde Albrecht Dürer 1528 bestattet.

In Nürnberg erlebbar und sichtbar wird Albrecht Dürer heute auf dem „Dürer-Weg". Dieser führt über mehrere Stationen zu bekannten und unbekannten Spuren des Künstlers. Dabei kann man sich von einem Minicomputer führen lassen. Gegen 20 Euro Pfand kann dieser digitale Stadtführer, der akustisch und visuell das „goldene Nürnberg" des Meisters erklärt, im Dürerhaus oder im Germanischen Nationalmuseum ausgeliehen werden. Der „Dürer-Weg" entstand in einer Kooperation des Kulturreferats

Sehenswert

❶ Albrecht-Dürer-Haus: Das Wohnhaus und die Werkstatt Albrecht Dürers sind täglich außer montags zu sehen.

❷ Dürer-Denkmal: Es ist das erste Denkmal in Deutschland, das für einen Künstler errichtet wurde (1840).

❸ Sebalduskirche: Hier wurde Dürer getauft, hier heiratete er seine Agnes. Für seine „Hauskirche" entwarf Dürer mehrere Kunstwerke.

❹ Rathaus: Dürer wirkte hier als Ratsherr. Den Rathaussaal hat er gestaltet.

❺ Waaghaus: Hier war die Herrentrinkstube, der „Eliteklub" der Stadt. Krafts Waagrelief erinnert an den Bau.

❻ Freundschaftsbrunnen: Das Denkmal am Maxplatz zeigt zwei Reliefporträts von Dürer und Willibald Pirckheimer.

❼ Maxbrücke: Blick auf jene Ansicht von Nürnberg, die Dürer einst malte.

❽ Lorenzer Altstadt: Hier ging der kleine Albrecht zur (Latein-)Schule.

❾ Lorenzkirche: wertvolle Kunstwerke aus der Zeit Albrecht Dürers.

❿ Germanisches Nationalmuseum: Mehrere Werke des Meisters sind zu sehen – unter anderem Dürers Porträt seiner Mutter, die beiden Kaiserbilder und ein Porträt von Maximilian I.

⓫ Johannisfriedhof: Dürers Grabstätte der Stadt Nürnberg, des Germanischen Nationalmuseums, der „museen der stadt nürnberg" und des Kulturpädagogischen Zentrums. Er verbindet das Dürerhaus mit den Werken im Germanischen Nationalmuseum und führt zu Dürer-Spuren in seiner Heimatstadt.

Ihr Weg zu Fuß

Ziel: Mit und ohne digitalen Führer Dürers Nürnberg kennenlernen

Zeit: Eine bis anderthalb Stunden, allerdings ohne den Besuch von Dürerhaus und Germanischem Nationalmuseum.

Der „Dürer-Weg" beginnt am ❶ Dürerhaus am Tiergärtnertor, das Albrecht Dürer 1509 erwarb, in dem er lebte und arbeitete. Das repräsentative Bürgerhaus belegt, dass der Künstler, der zeitweilig Ratsherr seiner Heimatstadt war, gutes Geld verdiente. Das Albrecht-Dürer-Haus gehört zu den „museen der stadt nürnberg". Agnes Dürer „höchstpersönlich" führt hier Besucher durch die Wohnräume und die Werkstatt ihres Albrecht (täglich außer Montag geöffnet, Info-Telefon 09 11/2 31-25 68).

Über die Bergstraße leitet der „Dürer-Weg" zum Albrecht-Dürer-Platz und zum ❷ Dürer-Denkmal, dem im Jahr 1840 errichteten ersten Künstlerdenkmal Deutschlands. Das überlebensgroße Bronze-Standbild entstand unter Beteiligung König Ludwigs I. von Bayern. Vom Dürer-Denkmal blickt man bereits auf die Doppeltürme der ❸ Sebalduskirche, der „Pfarrkirche" Dürers, wo

Mit dem Minicomputer (erhältlich im Dürerhaus) lassen sich Dürers Spuren verfolgen. Die Displayansicht zeigt Dürers Lehrer Michael Wohlgemut.

er getauft wurde. Das bronzene Taufbecken ist ebenso noch zu sehen wie die gotische „Hochzeitspforte" an der Nordseite der Kirche, durch die Dürer wohl bei seiner Trauung mit Agnes ging. In der Sebalduskirche sind auch Kunstwerke mit Dürer-Bezug zu entdecken. Das Tucher-Epitaph hat er ebenso entworfen wie Glasfenster (das „Maximiliansfenster", das „Bamberger Fenster" sowie ein Fenster der Patrizierfamilie Pfinzing). Zu sehen ist außerdem eine Kopie des Epitaphs der Patrizierfamilie Holzschuher (das Original befindet sich im Germanischen Nationalmuseum).

Von der Kirche führt die Route zum benachbarten ❹ Rathaus, in dem Albrecht Dürers „Vier Apostel" und seine beiden „Kaiserbilder" (letztere seit 1880 im Germanischen Nationalmuseum) ausgestellt waren. Die Bemalung des Rathaussaals und der Außenfassaden war Dürers größter städtischer Auftrag. Als Mitglied des „Großen Rats" war Dürer ab 1509 für Bausachen zuständig.

Nächste Stationen sind das ❺ Waagrelief (in der Winklerstraße) sowie das ❻ Freundschaftsdenkmal, die an die Herrentrinkstube und an Dürers Freundschaft mit dem Humanisten Willibald Pirckheimer erinnern. In der heutigen Waaggasse (zwischen Winklerstraße und Hauptmarkt) soll Albrecht Dürer am 21. Mai 1471 im Hinterhaus der Familie Pirckheimer geboren worden sein. Ein Schriftrelief erinnert daran. Der Dürer-Pirckheimer-Brunnen wird auch „Freundschaftsbrunnen" genannt. Die Bronzereliefs stellen die Freunde dar. Das Denkmal wurde 1821 (zum 350. Geburtstag Dürers) auf dem Maxplatz errichtet.

Vorbei am Freundschaftsdenkmal führt der „Dürer-Weg" zur ❼ Maxbrücke, von der aus man die Aussicht auf die Fronveste und die Pegnitz genießt. Diese

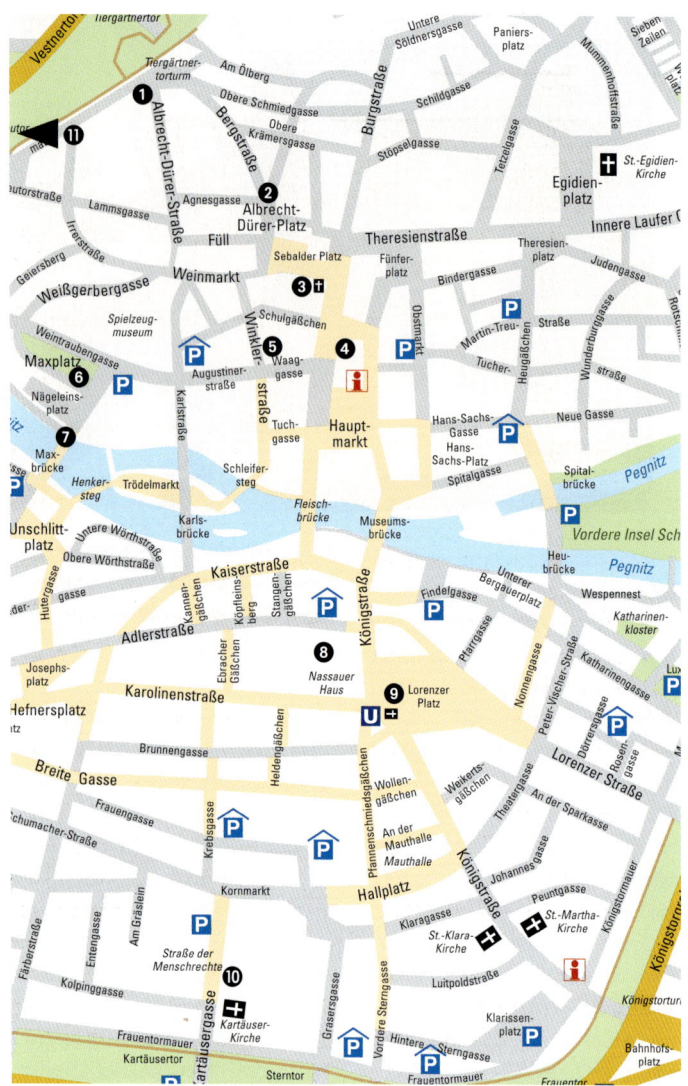

Ansicht hat Dürer so exakt aquarelliert, dass der im Zweiten Weltkrieg zerstörte Schlayerturm nach seinem Architekturporträt rekonstruiert werden konnte.

Über den Trödelmarkt, die Fleisch- und die Museumsbrücke erreicht die Dürer-Route die ❽ Lorenzer Altstadt um die namensgebende Kirche. Dürer hat hier vom zehnten bis zum zwölften Lebensjahr die Lateinschule besucht, bevor er in der väterlichen Werkstatt zu lernen anfing. In der ❾ Lorenzkirche findet man eine Kopie des Mittelbildes von Dürers „Paumgartner-Altar", die im 17. Jahrhundert erstellt wurde, ehe das

Original vom Bayernherzog Maximilian beansprucht wurde. Der Katharinenaltar der Lorenzkirche ist ein Hauptwerk von Dürers Lehrmeister Michael Wolgemut. Dürers Porträt seines Lehrherrn sieht man ein paar Gehminuten später im ❿ Germanischen Nationalmuseum.

Neben den schon erwähnten „Kaiserbildern" und einem Porträt von Kaiser Maximilian I. von Habsburg sind dort das Original der „Beweinung Christi" (vom Epitaph der Familie Holzschuher in der Sebalduskirche) und drei weitere wichtige Werke zu sehen. „Herkules im Kampf gegen die stymphalischen Vögel" entstand 1500 als eines der wenigen Leinwandgemälde Dürers. Als Auftraggeber des rätselhaften Werks wird Willibald Pirckheimer vermutet. Man findet zudem die Kopie des „Landauer-Altars" von 1511 (mit dem einzigen von Dürer selbst entworfenen Original-Rahmen). Das um 1488 entstandene Porträt seiner Mutter Barbara Dürer wurde erst um 1980 als ein Werk des Künstlers

Auf dem Maxplatz ist der Freundschaftsbrunnen mit Reliefs von Albrecht Dürer und Willibald Pirckheimer zu sehen (im Hintergrund steht der Weinstadel).

identifiziert. Wer will, kann den Weg natürlich auch in umgekehrter Richtung absolvieren. Vom Dürerhaus aus bietet sich jedenfalls ein etwa 15-minütiger Spaziergang (der Weg führt durch das Tiergärtnertor) ins Nürnberg außerhalb der Stadtmauern zum ⓫ Johannisfriedhof an.

Der zählt zwar nicht zum offiziellen „Dürer-Weg", der Spaziergang dorthin lohnt sich dennoch. Der Friedhof ist an und für sich schon sehenswert, und das von weiteren alten Grabstätten (teils prominenter Nürnberger) umgebene Dürer-Grab ist es auch. „Alles, was von Albrecht Dürer sterblich war, liegt unter diesem Hügel begraben", lautet übersetzt die lateinische Grabinschrift, die Willibald Pirckheimer 1528 nach Dürers Tod anbringen ließ.

Der Nürnberger Christkindlesmarkt in der Weihnachtsstadt Nummer eins

Der romantische Christkindlesmarkt zwischen der Frauenkirche und dem Schönen Brunnen ist der berühmteste der Welt. Nürnberg ist deshalb die „Weihnachtsstadt Nummer eins". Das Nürnberger Christkind eröffnet diesen Weihnachtsmarkt, zwei andere Berühmtheiten tragen massiv zur Anziehungskraft des Christkindlesmarkts bei – Nürnberger Lebkuchen und Nürnberger Bratwürste sind Tourismusmagneten.

„Nürnberg ist die Weihnachtsstadt Nummer eins in Deutschland, Europa und der Welt" – behauptete einst ein Nürnberger Wirtschaftsreferent und stieß damit nicht auf Widerspruch. Denn das Nürnberger Adventsidyll hat eine einzigartige Tradition.

Bereits 1616 beschwerte sich der Pfarrer der Sebalduskirche über den Kaufrausch an Weihnachten – ihm blieb nichts anderes übrig, als seine Vesperpredigt ausfallen zu lassen, weil „wegen des Einkaufens zum Kindleinbeschern keine Leut vorhanden gwest". Immerhin wurde der vorweihnachtliche Einkauf von einem wirklich prominenten Mann der Kirche initiiert: Der Christkindlesmarkt geht nämlich auf die von Martin Luther eingeführte Sitte zurück, Kinder an Weihnachten zu beschenken.

Der Aufstieg des Nürnberger Weihnachtsmarkts zu einer touristischen Attraktion begann allerdings erst im 19. Jahrhundert. Was im 20. Jahrhundert prompt dazu führte, dass die Nationalsozialisten den Glanz des Christkindlesmarkts für Propaganda-

Bild oben: Zwei Millionen Besucher lockt der Christkindlesmarkt Jahr für Jahr an.

zwecke nutzten – vor allem aber das heiß geliebte, traditionell vor einer Kopf an Kopf stehenden Zuschauermasse zelebrierte Eröffnungszeremoniell. Auch heute noch spricht zum Auftakt am Freitag vor dem ersten Advent das Nürnberger Christkind den Prolog auf der Empore der Frauenkirche. Dieses Bild wird dann in alle Welt übertragen – kein anderer

Ein Kaiser hat die Nürnberger Lebkuchen bekannt gemacht, heute sind sie ein königlicher Genuss: Elisenlebkuchen zählen neben Nürnberger Bratwürsten zu den kulinarischen Höhepunkten des Christkindlesmarkts.

Typische Souvenirs des Christkindlesmarkts sind „Zwetschgenmännla", die kleinen Figuren aus Trockenobst.

Nürnberger Rauschgoldengel gehören traditionell zum Christkindlesmarkt.

Tipps

Öffnungszeiten: Der Nürnberger Christkindlesmarkt dauert vom Freitag vor dem ersten Advent (14 Uhr) bis Heilig Abend (14 Uhr). Die Öffnungszeiten: Mo – Do 9.30 – 20.00 Uhr, Fr – Sa 9.30 – 22.00 Uhr und So 10.30 – 20.00 Uhr. Fällt der vierte Advent jedoch auf den 24.12., ist ausnahmsweise bereits am 23.12. Schluss. Infos unter: www.christkindlesmarkt.de

Erlebnis-Tipp: Beliebt bei allen Christkindlesmarktbesuchern ist die Fahrt mit der historischen Postkutsche. Ein anderes besonderes Erlebnis ist die sogenannte Glühweinfahrt mit einer historischen Straßenbahn. Anmeldung unter Telefon 09 11/2 83-46 46.

Shopping: Nur wenige Schritte vom Hauptmarkt entfernt findet man die Nürnberger Filiale des Rothenburger Weihnachtsspezialisten „Käthe Wohlfahrt".

Weihnachtsmarkt in Europa kann mit der Popularität des Nürnbergers mithalten. Jährlich kommen mehr als zwei Millionen Besucher auf den Christkindlesmarkt, um sich von der Stimmung bezaubern zu lassen.

Die Stände bilden zusammen eine fast einen Kilometer lange „Ladenfläche". Den besonderen Charme machen die bekannten Nürnberger (Weihnachts-) Spezialitäten aus. Nürnberger Rauschgoldengel gehören traditionell dazu. Bunter und billiger und auch deshalb beliebte Mitbringsel sind die Nürnberger „Zwetschgenmännla", kleine Figuren aus Trockenobst.

„Drei im Weckla" und dazu ein Glühwein sind Pflicht. Und fast niemand fährt ohne eine Tüte voller Lebkuchen nach Hause. Auch die haben hier eine lange Tradition. Mit Honig aus dem

nahen Reichswald und exotischen Gewürzen vervollkommneten Nürnberger Bäcker im 14. Jahrhundert den ursprünglich von Heilsbronner Zisterziensermönchen hergestellten Lebkuchen. Kaiser Friedrich III. machte das Nürnberger Gebäck 1487 über die Stadtgrenzen hinaus bekannt: Er ließ Lebkuchen, die mit seinem Bild beklebt waren, an 4000 Kinder verteilen. In Erinnerung an diese kaiserliche Gnade wurden jahrhundertelang einmal jährlich „Kaiserlein" an die Kinder verteilt. Selbst Goethe ließ sich Lebkuchen nach Weimar schicken.

Zurück zum Christkindlesmarkt von heute: Das glitzernde Erfolgsmodell auf dem Hauptmarkt hat längst ein paar „Ableger" bekommen.

Heute verbindet ein Krippenweg den Christkindlesmarkt mit der Nürnberger Kinderweihnacht auf dem Hans-Sachs-Platz. Dabei stellen bekannte Krippenbauer in der Spitalgasse alte und neue Weihnachtskrippen aus.

Über einen Krippenweg kommt man vom Hauptmarkt zur Kinderweihnacht auf dem Hans-Sachs-Platz.

Die Kinderweihnacht lockt die Kleinen mit vielen Attraktionen vom nostalgischen Etagen-Dampfkarussell bis zur Kinderpost. Dort werden Briefe ans Christkind verfasst. Im Nikolaushaus können Kinder den Nikolaus persönlich treffen.

Internationales Flair verleiht dem Christkindlesmarkt der Markt der Nürnberger Partnerstädte am Rathausplatz. Hier geht der Besucher auf eine Reise rund um die Welt – von Atlanta (USA) über Charkiw (Ukraine) bis Shenzhen (China).

Liebhaber zeitgenössischen Kunsthandwerks werden im Advent im Stadtmuseum Fembohaus, Burgstraße 15, fündig. Künstler aus der Region zeigen und verkaufen dort hochwertige und ausgefallene Geschenke.

Rostbratwurst und Lebkuchen: Nürnbergs weltberühmte Exportartikel

In einem Reiseführer über Nürnberg sind Nürnberger Bratwürste und Nürnberger Lebkuchen natürlich ein Kapitel für sich. Zwar leiden die Nürnberger ein wenig unter ihrem Bratwurst- und Lebkuchenimage, weil man sich viel lieber als moderne Halbmillionenstadt präsentiert. Doch als wohlschmeckende Botschafter verbreiten Würste und Lebkuchen Nürnbergs Namen massenhaft in alle Welt. Am besten schmecken beide Spezialitäten jedoch vor Ort.

Heißer Tipp für Besucher Nürnbergs: Wenn es um die Wurst geht, kennen die Nürnberger keinen Spaß. Jedes Lachen verbietet sich, wenn in einer der Bratwurstküchen nebenan ein hörbar Einheimischer „Sex mit Kraut" bestellt. Denn nichts Unanständiges bahnt sich an – ganz im Gegenteil. Es herrschen Zucht und Ordnung, wenn „Nürnberger Rostbratwürste" bestellt werden: Man isst sie zu sechst oder acht Stück, einen Zehnerpack oder auch ein Dutzend. Wer fünf oder sieben ordert, decouvriert sich so als ortsunkundiger Ignorant. Bloß bei „Drei im Weckla" (also bei drei Rostbratwürsten im Brötchen) ist die eherne Regel einer Teilbarkeit durch die Zahl Zwei außer Kraft gesetzt und absolut legitim.

Die „Nürnberger Rostbratwurst" wiegt nur rund 25 Gramm und ist so klein, dass man vor der Zeit der Sicherheitsschlösser verlangte, sie müsse durch ein Schlüsselloch passen. In Nürnberg gibt es noch zwei größere Varianten: Die „Nürnberger Bratwurst" wiegt 50 bis 60 Gramm und die „Fränkische Bratwurst" ist ein Schwergewicht von

Bild oben: „Nürnberger Rostbratwürste" sind eine regionale Spezialität.

Nicht nur zur Weihnachtszeit: Nürnberger Lebkuchen werden ganzjährig gebacken.

80 bis 100 Gramm. Genossen werden sie alle mit Kraut oder Kartoffelsalat, wobei es landestypische Varianten bei der Zubereitung und bei den Beilagen gibt. Zumindest eine sei hier erwähnt: In Nürnberg isst man die Würste nicht nur mit Senf. Fast noch lieber tunkt man sie hier in Kren – also geriebenen Meerrettich. Auch diese Variante schmeckt einfach köstlich.

So gut munden Nürnberger Bratwürste, dass sich Dichter wie der Weimarer Goethe oder der Bayreuther Jean Paul die seit dem 18. Jahrhundert exportierten Köstlichkeiten anliefern ließen. Jean Paul nannte die Würste „Vergißmeinnicht für meinen Magen". Tatsache ist: Im Schatten der Türme der Sebaldus- und Lorenzkirche munden sie noch besser. Seit fast 700 Jahren gibt es Nürnberger Bratwurstküchen. Auf diese Tradition berufen sich auch

Tipps

Bratwurst-Tipp: Wissenswertes über Bratwurstküchen, Bratwurstgeschichte und Bratwurstgerichte findet man im Internet unter www.die-nuernberger-bratwurst.de. Unter der fast gleichlautenden Adresse www. nuernberger-bratwuerste.de gibt es Informationen zum „Bratwurstspaziergang".

Einkaufen: Frische „Nürnberger Lebkuchen" gibt es ganzjährig in der Altstadt zu kaufen. Sämtliche Informationen findet man im Web unter: www.lebkuchen.nuernberg.de

Lese-Tipp: „Rotes Bier und Blaue Zipfel" lautet der Titel eines schmalen Bändchens „Zur Ernährung in Nürnberg", den der Verein „Geschichte Für Alle" herausgegeben hat. Darin findet man unter anderem alles Wesentliche zu Bratwürsten und Lebkuchen. Vergnüglich zu lesen – ein Appetithappen für 5,80 € (ISBN 3-930699-38-9).

Seit 1313 werden im „Bratwursthäusle", gleich gegenüber des Alten Rathauses, Nürnberger Rostbratwürste auf Buchenholzfeuer gegrillt.

heutige Gastronomen. Seit 1419 gibt es die Bratwurstküche „Zum Guldenen Stern" in der Zirkelschmiedsgasse. Sie ist – rechtskräftig festgestellt – die älteste Bratwurstküche der Welt. Seit 1431 ist das „Bratwurst Röslein" beim Hauptmarkt bekannt. Heute wirbt es damit, größtes Bratwurst-Restaurant der Welt zu sein. Die prominenteste Lage aber hat das „Bratwursthäusle" zwischen Rathaus und Sebalduskirche.

Die berühmteste Bratwurstküche Nürnbergs war das „Bratwurstglöcklein": Angebaut an die im Zweiten Weltkrieg zerstörte Moritzkapelle am Sebalder Platz, versorgte es schon die Touristen des 19. Jahrhunderts. Ein Bratwurstlokal im Handwerkerhof hat mit dieser historischen Attraktion nur den Namen gemeinsam. Ganz nah am historischen

Standort gibt es heute das „Goldene Posthorn mit der Rostbratwurstküche Bratwurstglöcklein". Was alle Nürnberger Bratwürste gemeinsam haben: Sie werden in Nürnberg hergestellt. Das ist seit 2004 unabdingbar – „Nürnberger Rostbratwurst" und „Nürnberger Bratwurst" gehören seitdem zu den von der EU geschützten regionalen Spezialitäten. „Nürnberger" darf nur heißen, was aus Nürnberg kommt.

Diese Bestimmung der EU gilt für die Nürnberger Lebkuchen bereits seit 1996. Auch sie müssen vor Ort produziert werden – umso höher schlugen in Nürnberg die Wellen, als ausgerechnet ein Hersteller von Aachener Printen einen Nürnberger Hersteller und mit ihm einige der namhaftesten Marken aufkaufte. Der Qualität der „Nürnberger Lebkuchen" freilich tun die Besitzverhältnisse keinen Abbruch – ob nun „Lebkuchen-Schmidt" auf den Verpackungen steht oder „Schöller", ob „Haeberlein-Metzger" oder „Wicklein". Neben bekannten Handelsmarken gibt

es noch mittelständische Hersteller wie „Fraunholz" und „Eckstein" oder kleine Bäckereien, die nach eigenem Rezept produzieren. Auch die „Burg-Bäckerei & Lebküchnerei" der Familie Düll in der Bergstraße – eine der ältesten Lebküchnereien Nürnbergs – verkauft die feinen Elisenlebkuchen.

Diese Premium-Sorte wird ohne Mehl, aus geriebenen Mandeln, Haselnüssen, Zucker, Eiern, Honig und Gewürzen hergestellt. Die beiden letzten Zutaten sind der Grund, warum Lebkuchen-

Handgemachte köstliche Elisenlebkuchen findet man bei einer der ältesten Lebküchnereien Nürnbergs, in der Bergstraße gleich unterhalb der Burg.

herstellung in Nürnberg auf historischen Wurzeln basiert. Der Reichswald vor der Stadt galt im späten Mittelalter als „des Reiches Bienengarten". Die notwendigen Gewürze brachten die umtriebigen Fernhandelskaufleute in die Stadt. Übrigens: Das älteste schriftlich überlieferte Lebkuchen-Rezept aus dem 16. Jahrhundert wird heute im Germanischen Nationalmuseum aufbewahrt.

„Saure Zipfel" sind eine fränkische Spezialität. Es sind Bratwürste im Essig- oder Weinsud gegart.

Rostbratwürste sowie frische Lebkuchen werden ganzjährig und an vielen Stellen in der Altstadt verkauft. Auf dem Christkindlesmarkt genießen sie Nürnberg-Touristen besonders gern: Zumindest im Advent haben deshalb die Nürnberger garantiert nichts gegen ihr Bratwurst- und Lebkuchenimage einzuwenden.

Sieben Stadtrundgänge zwischen Bahnhof und Burg

führen durch Nürnberg und zu den wichtigsten

Sehenswürdigkeiten zwischen den Stadtmauern: zum

Hauptmarkt mit dem Schönen Brunnen, der Frauenkirche

und dem Rathaus, zur Sebalduskirche und zur Lorenzkirche,

zum Dürer-Denkmal und zum Dürerhaus sowie vielen

weit weniger bekannten, aber dennoch kaum weniger

sehenswerten Schätzen einer einzigartigen Stadt.

Rund um den Schönen Brunnen: der Hauptmarkt ist das Herz Nürnbergs

Der Hauptmarkt ist nicht nur wegen seiner zentralen Lage der Mittelpunkt. Mit dem Schönen Brunnen, dem Rathaus und der Frauenkirche hat der meist von Marktständen belegte Platz drei große Sehenswürdigkeiten zu bieten. Im Advent findet hier der weltweit bekannte Nürnberger Christkindlesmarkt statt. Für die meisten Touristen ist der Hauptmarkt auch Startpunkt, wenn sie die Nürnberger Altstadt erkunden.

Der Hauptmarkt ist das „Herz" der Stadt Nürnberg. Hier ist tatsächlich ein Markt, auf dem die Nürnberger unter freiem Himmel einkaufen. Auf diesem Platz wird der Christkindlesmarkt gefeiert. Und hier entdeckt man mit dem Schönen Brunnen und der Frauenkirche zwei Wahrzeichen der Stadt. Vom Hauptmarkt startet man üblicherweise, wenn man als Besucher zu einem Rundgang durch das alte Nürnberg aufbricht.

So beliebt der Hauptmarkt heute ist: Seine Geschichte beginnt mit einem Verbrechen. Denn hier stand vormals das jüdische Getto, das auf Betreiben des Rates und mit Billigung durch Kaiser Karl IV. 1349 zerstört wurde. 562 Juden wurden bei dem Pogrom ermordet, ihr Hab und Gut beschlagnahmt. Nach dem Abriss des Gettos entstand der Marktplatz. Auf den Trümmern der Synagoge wurde die Frauenkirche errichtet.

Der Hauptmarkt war einst der größte gepflasterte Marktplatz nördlich der Alpen – jahrhundertelang gab es hier alles zu kaufen, von Wildbret bis zu

Bild oben: Bis zum Jahr 1392 entstanden die 44 Figuren des Schönen Brunnens.

Eiern, Gemüse, Fisch und Krebsen. Auf dem Platz zwischen dem Schönen Brunnen und der Frauenkirche fanden farbenprächtige Turniere statt. Und auf dem Hauptmarkt zeigte man den Nürnbergern von 1425 bis 1523 Jahr für Jahr einmal die Reichskleinodien. Ihre Nachbildungen sind heute im nur wenige Schritte entfernten Rathaus zu besichtigen.

An den Werktagen ist Markt auf dem Nürnberger Hauptmarkt – hier findet auch der Christkindlesmarkt statt (rechts: ein Verwaltungsbau des Rathauses, ein wenig geglückter Nachkriegsbau).

Der 19 Meter hohe Schöne Brunnen – mal mit der Frauenkirche im Hintergrund (links), mal vor den spitzen Doppeltürmen der nahen Sebalduskirche.

Tipps

Führung: Wollten Sie ein Rathaus schon immer von innen sehen? Die Führung „Von Ratsherren und Stadträten" führt Sie hinter die Kulisse des Nürnberger Rathauses. Informationen bei der Tourist Information gleich am Hauptmarkt.

Einkaufs-Tipp: Literatur über Nürnberg finden Sie bei „Korn & Berg", Deutschlands ältester Buchhandlung. Sie wurde bereits 1531 am Herrenmarkt, dem heutigen Hauptmarkt, gegründet.

Besichtigung: Der Besuch der mittelalterlichen Lochgefängnisse im Rathaus ist nur mit Führung möglich. Von Mitte März bis Ende Oktober und während des Christkindlesmarktes täglich geöffnet von 10 bis 16.30 Uhr. Die Winteröffnungszeiten sowie weitere Informationen erhalten Sie unter Telefon 09 11/2 31-26 90 oder im Web unter: www.museen.nuernberg.de

Vorne am Beckenrand des „Schönen Brunnen" sitzt die Figur des Cicero – sie ist Symbol für die Redekunst.

Und auch das gehört zur Geschichte des Hauptmarkts: Nach 1933 wurden hier unliebsame Bücher verbrannt. 1935 wurden auf dem Platz während des sogenannten „Reichsparteitags der Freiheit" die berüchtigten „Nürnberger Gesetze" verkündet. Sie leiteten die Entrechtung und Verfolgung der jüdischen Mitbürger in Deutschland ein.

Die Zeit des Zweiten Weltkriegs endete auch für die Nürnberger bitter. Bei 59 Luftangriffen wurden die Bauten um den Hauptmarkt weitestgehend zerstört. Und so nimmt heute der Neubau Hauptmarkt 17 die Stelle des früheren Pirckheimerhauses ein, in dessen Rückgebäude angeblich 1471 Albrecht Dürer zur Welt kam. Gleich nebenan (Hauptmarkt 15) wurde der Seefahrer Martin Behaim geboren.

Der Schöne Brunnen ist der unverwechselbare, ständig von Besuchern Nürnbergs umlagerte Treffpunkt auf dem Hauptmarkt. Den bemalten und zum Teil vergoldeten Röhrenbrunnen in Form einer 19 Meter hohen gotischen steinernen Kirchturmspitze errichtete Heinrich Beheim zwischen 1385 und 1392 im Auftrag der Stadt.

Dieser Brunnen mit seinen 44 Figuren zählt zu den bedeutendsten Nürnberger Kunstwerken des 14. Jahrhunderts. Die farbigen Figuren der oberen Reihe stellen Moses und sieben Propheten dar, die untere Reihe sieben Kurfürsten und je drei christliche, jüdische und „heidnische" Helden. Für jene Nürnberger des späten Mittelalters, die nicht lesen konnten, war dieser Brunnen „Bibel, Brockhaus und Grundgesetz in einem", schrieb Historiker Peter Fleischmann. Am Beckenrand sitzen acht Vertreter der Wissenschaften, der Künste sowie der Philosophie, dahinter jeweils einer der vier Evangelisten und einer der vier Kirchenväter. Das Sandstein-Original

Am „Goldenen Ring" des Schönen Brunnens will jeder drehen: Denn dabei darf man sich etwas wünschen.

des Schönen Brunnens findet man allerdings im nicht weit entfernten Germanischen Nationalmuseum: Auf dem Hauptmarkt steht „nur" die Kopie von 1902 aus Muschelkalk. An der Südwestseite des Brunnengitters findet man seit dem 17. Jahrhundert den sogenannten „Goldenen Ring". Nach der Legende soll ein Lehrling den Messingring ohne Wissen seines Meisters über Nacht in das Gitter eingefügt haben, um sein Können zu beweisen. Wer heute am Ring dreht, darf sich etwas wünschen (sagen die Nürnberger).

Auf der dem Brunnen gegenüberliegenden östlichen Seite des Platzes steht die Frauenkirche, die von 1352 bis 1358 von Peter Parler errichtete erste Hallenkirche Frankens. Möglicherweise wurde diese Kirche, eine Stiftung Kaiser Karls IV., nach der

Die Kunstuhr mit dem „Männleinlaufen" am Westchor der Frauenkirche.

Zerstörung des Judenviertels, als ein Sühnebau verstanden. Im Kircheninneren sieht man das Peringsdörfer'sche Epitaph (1498) an der linken Längswand, ein Hauptwerk des Nürnberger Bildhauers Adam Kraft. An der von Engeln umgebenen Madonna mit dem etwas zu groß geratenen Kind ist es gut zu erkennen. An der linken Chorschwelle sieht man mit dem Rebeck'-schen Epitaph (es zeigt eine Marienkrönung) ein weiteres Werk Krafts. Der Meister leitete von 1506 bis 1508 auch die Bauarbeiten, bei denen am West-

Der volkstümliche Gänsemännchenbrunnen auf dem Rathausplatz.

Das bis 1340 erbaute gotische Rathaus: links im Hintergrund ein Turm des Wolff'schen Renaissancerathauses.

chor der kleine Giebel für die Kunstuhr aufgesetzt wurde. Vor ihm sammeln sich heute täglich um 12 Uhr mittags die Zuschauer, um das sogenannte „Männleinlaufen" zu beobachten. Die Kunstuhr und ihre Figuren erinnern an ein bedeutendes Ereignis: die Verkündung der „Goldenen Bulle" 1356 in Nürnberg. Sieben Kurfürsten huldigen Kaiser Karl IV. Die Kugel über der Uhr zeigt außerdem die Mondphasen an.

Geht man rechts an der Frauenkirche vorbei, kommt man zu einem kleinen Reliefporträt, das an eine Nürnberger Marktfrau und ihre Standardfrage „Wos braung mern heit?" (Was brauchen wir heute?) erinnert. Einen Bauern aus dem „Knoblauchsland" mit zwei Gänsen zeigt nur wenige Schritte nördlich der Kirche der Gänsemännchenbrunnen auf dem Rathausplatz. Die Bronzefigur

entstand um 1550. Hinter dem Gänsemännchenbrunnen steht der erhaltene gotische Teil (bis 1340 errichtet) des Alten Rathauses.

Von 1619 bis 1622 entstand, angeregt durch den Bau des Augsburger Rathauses, gegenüber des Ostchores der Sebalduskirche ein Palast in der Art der

Die Fassade des Wolff'schen Baus erstreckt sich entlang des Rathausplatzes.

Das prachtvolle Tonnengewölbe des Rathaussaales wurde rekonstruiert.

italienischen Stadtpalazzi – erbaut von Jakob Wolff d. J. Er ist die „Schauseite" des mächtigen Rathauskomplexes. Drei wuchtige Portale mit der Nürnberger Wappendreiheit und den Allegorien der Gerechtigkeit, der Weisheit und der vier Erdteile dominieren diese machtvoll wirkende Fassade.

Im Wolff'schen Bau kann man noch heute die Gewölbe der Lochgefängnisse sehen, in denen die Reichsstadt Nürnberg einst die Gefangenen „peinlich befragen" ließ.

In der Eingangshalle im Erdgeschoss befinden sich die Nachbildungen der drei wichtigsten Reichsinsignien: Kaiserkrone, Zepter und Reichsapfel. Über eine Treppe kommt man zum bis 1340 entstandenen Rathaussaal. Mit einer Länge von 39 Metern, sowie der Breite und Höhe von je zwölf Metern war er der größte profane Saal nördlich der Alpen. 1520 wurde der Saal unter Dürers Leitung neugestaltet (wovon heute nichts mehr zu sehen ist). 1649 wurde mit dem Friedensmahl im Rathaussaal das Ende des Dreißigjährigen Kriegs besiegelt. Heute findet jährlich ein Friedensmahl als Benefizveranstaltung im Rathaussaal statt.

Im Rathaus wurde natürlich nicht nur gefeiert – hier tagten der Große Rat und das Stadtgericht. Als Untersuchungsgefängnis dienten die Lochgefängnisse im Kellergewölbe des Rathauses, die heute zu besichtigen sind. Foltergeräte des Henkers und seiner Gesellen sind gruselige Erinnerungen an die gar nicht so gute alte Zeit.

Ihr Weg zu Fuß

Ziel: Ganz schnell das pulsierende „Herz" Nürnbergs kennenlernen

Zeit: Ein bis zwei Stunden, je nachdem, was man im Rathaus sehen will

Touristen starten oft am ❶ Hauptmarkt – und zwar auch deshalb, weil wenige Schritte von diesem zentralen Platz der Busparkplatz für Gruppenreisende liegt. Taxifahrer halten sowieso nur ein paar Schritte vom ❷ Schönen Brunnen entfernt, der sich als unübersehbarer Treffpunkt geradezu aufdrängt. Von diesem Brunnen aus überquert man den ganzen Platz – meist vorbei an den vielen hier aufgestellten Marktständen – bis zur auf der östlichen Seite des Platzes stehenden gotischen ❸ Frauenkirche.

Durch den nördlich der Kirche liegenden schmalen Treppenaufgang (zwischen zwei Nachkriegsbauten hindurch) geht es nur wenige Schritte weiter in die Rathausgasse. Hier stößt man auf die

Brunnenfigur des ❹ Gänsemännleins, die auf einem kleinen Platz vor dem ❺ gotischen Trakt des Alten Rathauses steht. Links, also in Richtung Westen daran vorbei, kommt man zum Rathausplatz und somit zum ❻ Wolff'schen Bau des Alten Rathauses. Hier steht man bereits vor dem Ostchor der Sebalduskirche und schaut hinauf zum Fembohaus (das Stadtmuseum Nürnbergs) und einen Teil der nahen Burg.

„Wos braung mern heit?" – das Reliefporträt neben der Frauenkirche erinnert an die Marktfrau Margarethe Engelhardt, ein Nürnberger Original.

Sehenswert

❶ **Hauptmarkt:** entstanden auf dem Platz des 1349 zerstörten Gettos

❷ **Schöner Brunnen:** Brunnenpyramide mit 44 Steinfiguren, entstanden 1385

❸ **Frauenkirche:** erbaut ab 1352, täglich um 12 Uhr „Männleinlaufen"

❹ **Gänsemännchenbrunnen** von 1550

❺ **Erhaltener Teil des gotischen Rathauses:** Es wurde bis 1340 errichtet.

❻ **Wolff'scher Bau:** Der Renaissancebau entstand von 1616 bis 1622.

Altes Nürnberg unter der Burg: von der Sebalduskirche zum Dürerhaus

Dem mittelalterlichen Nürnberg, wie es Albrecht Dürer erlebte, kommt man bei einer Tour durch das Stadtviertel unter der Burg am nächsten. Vorbei an der Sebalduskirche führt der Weg vom Hauptmarkt über den Sebalder Platz zum Dürer-Denkmal und zum Dürerhaus, zum romantischen Tiergärtnertorplatz und unter die mächtigen Mauern der Burg.

Das Burgviertel in der Sebalder Altstadt ist jener Teil Nürnbergs, in dem man das historische Stadtbild nicht allein in Einzeldenkmälern, sondern noch als ein Gesamtensemble erlebt. Einfacher formuliert: Wer Nürnberg weitgehend noch so sehen will, wie es wohl Albrecht Dürer gekannt hat, kommt diesem Ziel im Burgviertel am nächsten. Von der Burg aus betrachtet entdeckt man hier eine imposante Dachlandschaft. Hier stehen weniger kleine Handwerkerhäuschen als vielmehr die massigen Patrizierhäuser. Ihre Dächer wurden oft mit spitzen Flachziegeln, sogenannten „Kirchenmäuslein", gedeckt. Steile Hausdächer mit Schleppgauben und Sandstein-

fassaden, an denen noch ab und zu ein barocker Erker – ein sogenanntes „Nürnberger Chörlein" – zu sehen ist, prägen das Viertel.

Überragt wird der Stadtteil im Norden von der Burg und im Süden von der ältesten Pfarrkirche Nürnbergs – der Sebalduskirche. Der Beginn des Kirchenbaus in der ersten Hälfte des 13. Jahrhunderts lässt sich genau datieren. Parallel zum Aufstieg der Reichsstadt erfolgten weitere An- und

Bild oben: Blick am „Kapellenchörlein" des Sebalder Pfarrhofs vorbei auf den Sinwellturm der Nürnberger Burg.

Gotik pur: Die beiden Türme der im Kern romanischen Sebalduskirche.

Umbauten. Die Kirche wurde großzügig mit Kunstwerken ausgestattet. Das bedeutendste ist das Sebaldusgrab, das schönste gegossene Kunstwerk nördlich der Alpen. Es wurde bis 1519 von Peter Vischer d. Ä. und seinen zwei Söhnen in elfjähriger Arbeit gefertigt. Hauptfiguren des von Schnecken getragenen Grabmals sind die zwölf Apostel, zudem sieht man Statuetten der Propheten des Alten Testaments, Allegorien und Fabelwesen. Unter den Kunstwerken in und an der Pfarrkirche Dürers entdeckt man nach seinen Entwürfen ausgeführte Werke sowie etliche Arbeiten der großen Nürnberger Bildhauer Veit Stoß und Adam Kraft.

Schräg gegenüber der Sebalduskirche blickt man auf den Sebalder Pfarrhof (errichtet 1361). Hier findet man den letzten erhaltenen mittelalterlichen Innenhof Nürnbergs. Die Fassade

Tipps

Gastro-Tipps: Im „Schlenkerla" beim Dürerhaus genießt man Bamberger Rauchbier (auch im Freien). Das gesamte Burgviertel bietet eine lohnende Vielfalt an Gastronomie.

Süßes & Souvenirs: Frische Nürnberger Lebkuchen gibt es in der Bäckerei und Lebküchnerei Düll (Bergstraße 23) und bei Fraunholz (beim Dürer-Denkmal). Der Museumsladen mit Dürer-Souvenirs liegt direkt gegenüber dem Dürerhaus.

Kunstbunker: In der Oberen Schmiedgasse 52 liegt der Eingang zum Kunstbunker. Hier überstanden Nürnbergs größte Kunstschätze den Bombenhagel des Zweiten Weltkriegs. Eine tägliche Führung findet um 15 Uhr statt.

Unterwelt: Die Führungen durch die Felsengänge unter dem Burgberg beginnen täglich um 11, 13, 15 und 17 Uhr direkt hinter dem Dürer-Denkmal.

Geschichte(n)

Das unscheinbare Epitaph an der Nordfassade der Sebalduskirche erinnert an
eines der wichtigsten Kapitel deutscher
Wirtschaftsgeschichte. Dieser Gedenkstein ist dem 1473 verstorbenen Peter
Fugger gewidmet. Bis zu seinem Tod
leitete er die Nürnberger Faktorei der
Familienfirma. Sein Bruder war Jakob
Fugger der Reiche, der vier Päpste und
die Wahl Kaiser Karls V. von Habsburg
finanzierte. Das Gebäude einer später
entstandenen Faktorei ist noch heute
am Weinmarkt 12a – nur einige Schritte
vom Grabmal Peter Fuggers entfernt –
zu sehen.

Das zierliche „Sebalder Chörlein" prägt
die Fassade des Sebalder Pfarrhofs.

des Pfarrhofs wird vom zierlichen
„Sebalder Chörlein" geprägt. Der
Erker entstand um 1370 als vorspring-
gende Altarnische einer Hauskapelle
und ist mit Ornamenten und Reliefs
aus dem Leben Marias reich verziert.
Er wurde zum Vorbild für über 300
barocke „Nürnberger Chörlein".

Schräg gegenüber liegt das imposante
Schürstabhaus. Erbaut in den Jahren
um 1270, blickt es auf eine lange
Geschichte zurück. Das ehemalige
Patrizierhaus gilt heute als eines der
bedeutendsten Bürgerhäuser im nord-
bayerischen Raum aus gotischer Zeit.
Namensgeber war die Patrizierfamilie
Schürstab, der dieser Stadtpalast von
1328 bis 1478 gehörte. Mit mittel-
alterlichem Gewölbekeller, gotischer
Gewölbehalle und Hauskapelle, einem
Renaissance- und einem Biedermeier-
Stockwerk vermittelt das Schürstab-

haus einen Querschnitt durch mehr als ein halbes Jahrtausend Nürnberger Architekturgeschichte.

Vor dem Westgiebel des Schürstabhauses beginnt der Albrecht-Dürer-Platz, an dessen nördlichen Ende das Albrecht-Dürer-Denkmal zu finden ist. Direkt hinter dem Monument liegt der Eingang zu den Felsengängen, die Kellergewölbe der alten Häuser am

Ein halbes Jahrtausend Architekturgeschichte verbirgt sich hinter den Mauern des Schürstabhauses, einem der wichtigsten Patrizierhäuser Nordbayerns.

Seit 1840 erinnert das Albrecht-Dürer-Denkmal am Albrecht-Dürer-Platz in prominenter Lage zwischen Sebalder Platz und Burg an den großen Sohn der Stadt. Der Nürnberger Meister Jakob Daniel Burgschmiet hat die Skulptur gegossen.

Burgberg verbinden und ein weit ver-
zweigtes unterirdisches Labyrinth auf
mehreren Ebenen bilden. Sie dienten
früher der Lagerung von Bier und
während des Zweiten Weltkrieges als
sichere Luftschutzräume.

Vom Sebalder Platz aus kommt man
zur Füll, einem der am besten erhaltenen Straßenzüge der Altstadt. Ihren
Namen erhielt diese Straße von einem

Zwei der barocken Chörlein in der Füll –
eine der schönsten Straßen der Altstadt.

verfüllten Graben der ersten Stadtbefestigung Nürnbergs. In dieser Kauf-
mannsstraße findet man sechs barocke
Chörlein sowie kunstvolle Dacherker
an den Häusern Nummer 5, 7 und 9.

Die nachfolgende Albrecht-Dürer-
Straße führt bergauf zum Jamnitzerhaus (Albrecht-Dürer-Straße 17), das
eines der bedeutendsten Meisteranwesen Nürnbergs ist. Hier stellte
der Goldschmied Wenzel Jamnitzer
Kunstwerke für den Kaiser und viele
Fürsten her. Doch die Besucher stehen
natürlich geballt vor dem Albrecht-
Dürer-Haus am Nordende der Straße.
Das Dürerhaus hat der berühmteste
aller Nürnberger 1509 gekauft und bis
zu seinem Tod 1528 bewohnt. Hier
entstanden vermutlich viele seiner
bekanntesten Werke wie zum Beispiel
die „Vier Apostel". Seit 1828 ist das
Dürerhaus eine Gedenkstätte.

Das Lamm – Hauszeichen des einstigen
Schürstabhofes in der Lammsgasse 14.

Wenn Dürer aus seiner Haustür trat, hatte er eine der schönsten Ansichten Nürnbergs vor Augen. Noch heute zeigt der Platz „Beim Tiergärtnertor" das Stadtbild der Dürer-Zeit. Überragt wird dieser Platz vom mächtigen Tiergärtnertorturm. Ein Wildgehege, das

Das Dürerhaus beim Tiergärtnertor: Hier lebte und arbeitete der Meister. Nun ist es ein viel besuchtes Museum.

Der Tiergärtnertorturm gab dem Platz vor dem Dürerhaus den Namen.

der Burggraf beim Stadtgraben besaß, gab ihm seinen Namen. Durch den hohen Sandsteinquaderbau führte die wichtige Fernverbindung nach Leipzig und Erfurt. Auf seine ursprüngliche Aufgabe als Durchlass weisen noch

Über Ölberg und Burggarten führt der
Weg zum Blick von der Stadtmauer.

die vermauerte spitzbogige Toröffnung
an der Innenseite sowie ein Wappenrelief hin. Heute führt der Weg durch

Über die Mauer der Freiung der Burg
genießt man die Aussicht über Nürnberg.

den Tunnel unter der Tiergärtnertorbastei links vom Turm stadtauswärts.

Rechts vom Tiergärtnertorturm steht
das Pilatushaus. Dieses Fachwerkhaus
(von 1489, Giebel 1520) wird durch
die lebensgroße Ritterfigur des heiligen
Georg geprägt, die auf den ersten
Hausbesitzer, einen Harnischmacher,
hinweist. Deshalb wurde der Bau auch
das „Haus zum geharnischten Mann"

genannt. Der heutige Name kommt daher, dass man lange glaubte, hier sei der Beginn der Kreuzwegstationen Adam Krafts zum Johannisfriedhof. Mitte des 19. Jahrhunderts war Hans von Aufseß, der Gründer des Germanischen Nationalmuseums, der Besitzer des Pilatushauses. Sein Wappen ist über dem Eingang eingemeißelt.

Vom Pilatushaus schaut man über den Platz „Beim Tiergärtnertor" auf das Dürerhaus. Mit der seinerzeit umstrittenen polemischen modernen Plastik eines Dürerhasen setzte Jürgen Goertz 1984 hier einen Akzent. Kinder jedenfalls lieben den witzigen Bronzehasen.

Rechts am Pilatushaus vorbei führt der Weg vom Tiergärtnertorplatz über eine steile Treppe zum Ölberg hinauf und über den Burggarten treppab über einen Durchlass auf den Wehrgang der Stadtmauer. Hier hat man den „schönsten Blick auf Alt-Nürnberg" – vom Sinwellturm der Burg über das Dürerhaus bis zu den beiden Türmen der

Lorenzkirche – vor sich. Die Burg auf dem Sandsteinfelsen besteht aus drei „Bauabschnitten": aus der Kaiserburg, den Überresten der Burggrafenburg und aus den reichsstädtischen Bauten (zur Burg siehe Kapitel 2, Seiten 20 bis 31). Auf den Platz „Beim Tiergärtnertor" stößt östlich die „Obere Schmiedgasse": Hinter der Tür der Hausnummer 52 verbirgt sich der Historische Kunstbunker im Burgberg.

An der steil zum Hauptmarkt abfallenden Burgstraße liegt das Fembohaus. 1591 bis 1596 erbaut, ist es heute das größte voll erhaltene Wohnanwesen der reichsstädtischen Oberschicht. Die imponierende Giebelfassade mit der Fortuna beherbergt das Stadtmuseum. Mit original Raumdekorationen und passender Möblierung gibt es einen einmaligen Einblick in die großbürgerliche Wohnkultur des Barock.

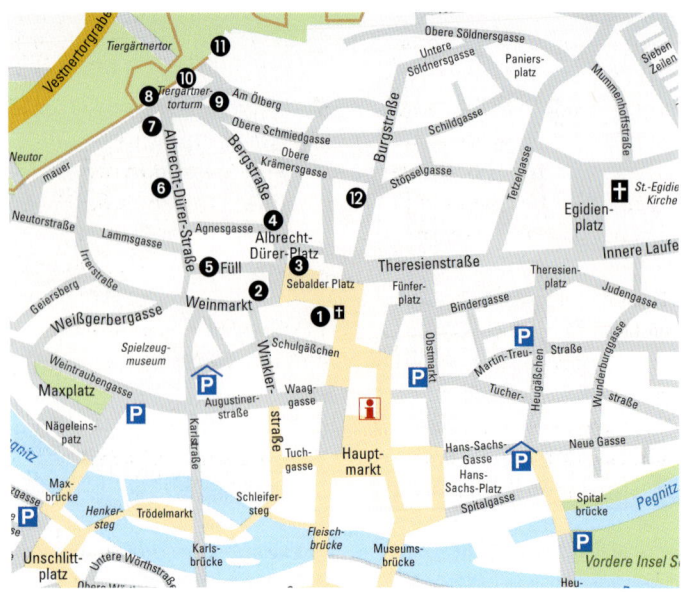

Ihr Weg zu Fuß

Ziel: Nürnberg so entdecken, wie es Albrecht Dürer sah

Zeit: Eine bis viele Stunden, je nachdem, was man ansehen will – oder wo die Gastronomie zum Bleiben verlockt

Man startet am Hauptmarkt Richtung Rathaus und geht gleich nach dem Ostchor der ❶ Sebalduskirche nach links über den stillen Sebalder Platz – mit Blick auf den ❷ Sebalder Pfarrhof (am Kapellenchörlein leicht zu erkennen) und auf das massige ❸ Schürstabhaus. Das Hauptportal der Sebalduskirche liegt gegenüber dem Erker des Pfarrhofs. Der Weg hinein, aber auch außen um die Kirche herum, lohnt sich. Zwischen dem Sebalder Pfarrhof und dem Schürstabhaus schaut man bereits aufwärts zum Albrecht-Dürer-Platz. Dort steht das

❹ Albrecht-Dürer-Denkmal. Man könnte von hier aus der Bergstraße folgen – aber der Weg durch einen der besterhaltenen Alt-Nürnberger Straßenzüge führt ein paar Schritte zurück über die ❺ Füll. In dieser Straße dokumentieren sechs Chörlein aus dem Barock den Reichtum vormaliger Bauherren. Am Ende der Füll geht es nach rechts in die Albrecht-Dürer-Straße und dort steil bergauf – vorbei am ❻ Jamnitzerhaus (Albrecht-Dürer-Straße 17) – zum Eingang des ❼ Albrecht-Dürer-Hauses (Albrecht-Dürer-Straße 39).

Das Dürerhaus steht unter dem hoch aufragenden ❽ Tiergärtnertorturm. Vorbei an der dortigen Bronzefigur des ❾ Dürer-Hasen und am gleich nebenan liegenden ❿ Pilatushaus (durch das Hauszeichen mit der Ritterfigur des heiligen Georg leicht zu erkennen) geht es ein paar Stufen hinauf zum

Ölberg, wo das älteste Handwerkerhaus Nürnbergs (1338) steht. Es liegt direkt unterhalb der ⑪ Kaiserburg, an deren Südfront entlang man durch die Gasse „Am Ölberg" zum Haupteingang der Burg – dem Himmelstor – und damit auch zur Burgstraße kommt.

Natürlich könnte man die Tour mit dem Aufstieg zur Burg unterbrechen. Oder man steigt rechts vorbei am Pilatushaus über die Gasse „Am Ölberg" zum Burggarten hinauf, von wo aus man auf die Stadtmauer am Platz „Beim Tiergärtnertor" und zur schönsten Aussicht über die Altstadt kommt. Wer zurück zum Hauptmarkt will, kann dafür den Weg über die steil abfallende Burgstraße mit Blick auf die Dächer des Neuen Rathauses wählen und kommt dabei am ⑫ Fembohaus, dem Stadtmuseum Nürnbergs, vorbei. Von dort ist man in wenigen Minuten am Hauptmarkt.

Das Pilatushaus am Tiergärtnertor: Wegen des gewappneten Georg im Hauszeichen wird es auch „Haus zum geharnischten Mann" genannt.

Sehenswert

❶ Sebalduskirche, ältere der beiden Stadtpfarrkirchen, erbaut seit 1230, wichtigstes Kunstwerk im Inneren: das Sebaldusgrab Peter Vischers d. Ä.

❷ Sebalder Pfarrhof mit „Chörlein"

❸ Schürstabhaus: im Kern gotisches Patrizierhaus mit Renaissance-Etage

❹ Dürer-Denkmal am Albrecht-Dürer-Platz (von Jakob Daniel Burgschmiet)

❺ Die Füll ist einer der am besten erhaltenen Straßenzüge Nürnbergs.

❻ Jamnitzerhaus: Meisteranwesen des gleichnamigen Goldschmieds

❼ Albrecht-Dürer-Haus: Das Wohnhaus Dürers ist heute „sein" Museum.

❽ Tiergärtnertorturm: Der Stadtmauerturm überragt einen der schönsten historischen Plätze Nürnbergs.

❾ Dürer-Hase: eine polemische Bronzeplastik von Jürgen Goertz (1984)

❿ Pilatushaus: Fachwerkhaus mit dem heiligen Georg als Hauszeichen (1489)

⑪ Burg: Kaiserburg, Reste der Burggrafenburg und reichsstädtische Bauten aus fünf Jahrhunderten bilden die lang gestreckte Anlage über der Stadt.

⑫ Fembohaus: ein Bau im Stil zwischen Spätrenaissance und Frühbarock – hier findet man Nürnbergs Stadtmuseum.

Auf den Brücken über die Pegnitz: zu „Pfeffersäcken" und zum Henker

Zu den Spuren der reichen Nürnberger „Pfeffersäcke", Handwerker, Fischer und Festungsbauer, zum Weg des Henkers und zu einem der spektakulärsten Kriminalfälle des 19. Jahrhunderts führt diese Tour beiderseits der Pegnitz. Entlang des Flusses bietet das Nürnberg zwischen Fronveste und Fleischbrücke beim Weg über Brücken und Stege reizvolle Ansichten und Aussichten.

Auch diese Tour startet am Schönen Brunnen auf dem Hauptmarkt und führt über die Waaggasse zur Winklerstraße. Dort stößt man auf ein Werk des Nürnberger Bildhauers Adam Kraft. Das Replikat seines Waagamtsreliefs am Neubau Winklerstraße 24 (Original im Germanischen Nationalmuseum) zeigt eine Szene mit der Stadtwaage, dem Waagmeister, einem Waagknecht und einem der Nürnberger Kaufherrn.

Letztere wurden auch „Pfeffersäcke" genannt, da sie ihren Reichtum zum Teil mit der Einfuhr von Gewürzen erwarben. Safran spielte im Nürnberger Gewürzhandel eine Hauptrolle. Der Rat der Stadt führte 1441 die „Safranschau" als ständige Kontrollstelle ein und setzte so europaweite Standards.

Die mit dem Gewürzhandel reich gewordenen Nürnberger „Pfeffersäcke" wohnten zum Beispiel am Weinmarkt. Auch das „Haus zur Lilie" an der Ecke Winklerstraße und Weinmarkt ist ein von 1519 bis 1525 errichtetes Kaufmannshaus – das gotische Steinrelief des Stadtwappens erinnert an die goldene Zeit der Nürnberger Kaufherren.

Bild oben: Postkartenansicht an der Pegnitz mit der Maxbrücke (links) und mit dem idyllischen Ensemble von Weinstadel, Wasserturm und Henkersteg.

Wenige Schritte weiter findet man am Praun'schen Haus (Weinmarkt 6) eine Kopie des im Zweiten Weltkrieg zerstörten St.-Georg-Reliefs von Adam Kraft. Die Qualität der Lage belegt das benachbarte Kaufherrnhaus (Weinmarkt 12a), das im 16. Jahrhundert kurzzeitig eine Nürnberger Faktorei der reichen Augsburger Fugger beherbergte. Das Alter dieses Hauses wird durch seinen auffälligen verputzten

An die Stadtwaage, aber auch an die durch Gewürzhandel reich gewordenen Nürnberger „Pfeffersäcke", erinnert das Waagamtsrelief des großen Nürnberger Bildhauers Adam Kraft an einem Nachkriegsbau in der Winklerstraße.

Nahe bei Krafts Waagamtsrelief wohnten reiche Nürnberger Kaufherren. Im Weinmarkt 12a war einst die Faktorei der Augsburger Fugger-Firma.

Tipps

Gastro-Tipps: Das „Café Am Trödel-markt" lockt mit Sitzplätzen im Freien und der Aussicht auf das Ensemble um den Wasserturm. Feine Küche? Bekannt ist das „Essigbrätlein" am Weinmarkt. Am Kettensteg entdeckt man einen sehr idyllischen Biergarten. Viele kleine Bars und Kneipen findet man in der Weißgerbergasse.

Süßes: Die Confiserie Neef (in der Winklerstraße 29) ist der Geheimtipp für etwas Süßes zwischendurch.

Shopping: Am Weinmarkt und drum herum gibt es viele kleine interessante Läden mit außergewöhnlichen Ange-boten für jeden Geschmack.

Führung: „Das Kind Europas" ist eine Führung auf Spuren Kaspar Hausers in Nürnberg. Angeboten wird sie vom Verein „Geschichte Für Alle". Infos unter Telefon 09 11/3 07 36-0.

Die Weißgerbergasse ist mit ihren bunten Fachwerkfassaden ein typisches Beispiel einer gotischen Handwerkergasse.

Lisenengiebel (mit flach erhabenen senkrechten Mauerstreifen) erkennbar. Am Hauseck sieht man eine gotische Strahlenkranzmadonna von 1360. Die Madonna mit dem Kind am östlichen Nachbarhaus schuf übrigens Bild-hauer Veit Stoß um 1500.

Das Anwesen Weinmarkt 12a wurde später ein Teil des benachbarten Gasthofs „Zum Roten Ross". Die Fassadenbeschriftung erinnert an Gäste wie Kaiser Leopold II., Fürst Metternich oder den Dichterfürsten Johann Wolfgang von Goethe.

Die vom Weinmarkt zur Pegnitz hin abfallende Weißgerbergasse war eine nicht ganz so feine Adresse. Die Gerber benötigten viel Wasser, das sehr stark verschmutzt wurde: Ihr Platz war deshalb nahe der Stelle,

Der Kettensteg, unter dem die Pegnitz die Stadtmauer flussabwärts verlässt, war die älteste Hängebrücke Deutschlands.

an der die Pegnitz die mittelalterliche Stadt verließ. Gerber waren durchaus wohlhabende Handwerker. Der Volksmund sagte: „Stinkende Häut´ machen reiche Leut´". Heute ist die charakteristische Handwerkergasse mit ihren bunten Fachwerkfassaden die am besten erhaltene Straße der Altstadt und ein viel besuchtes Kneipenviertel.

Die geringe Flussbreite der in wenigen Schritten über den angrenzenden Maxplatz erreichten Pegnitz begünstigte den Bau von acht Brücken und vielen Stegen. Der Fluss wurde zur Lebensader Nürnbergs: Um 1600 trieben 31 Wasserräder zwölf Mühlen an, die Korn mahlten, Leder und Tuche walkten oder Holz sägten. Im Bereich der Wöhrder Wiese (östlich der Altstadt) lag die erste Papiermühle nördlich der Alpen, wo Lumpen zu Papier verarbeitet wurden. Die Pegnitz diente zudem als Energielieferant für Drahtzieher und Waffenschmiede. Unter der Stadtbefestigung beim „Hallertor" hindurch verlässt der Fluss das alte Nürnberg.

Ein prägnanter Orientierungspunkt ist – vom Altstadtring aus gesehen – der von Albrecht Dürer aquarellierte spitzgieblige Schlayerturm. Daneben steht die massige Fronveste. Die Pegnitz fließt unter diesem früheren Waffenarsenal hindurch nach Westen. Direkt vor diesem Festungswerk wurde 1824 der Kettensteg als älteste Hängebrücke Deutschlands über dem Fluss errichtet. 1930 bekam sie dann steinerne Stützen.

Vom Kettensteg folgt man der Pegnitz flussaufwärts bis zur Maxbrücke, die 1457 der erste steinerne Übergang über die Pegnitz war. In der heutigen neugotischen Form entstand sie 1852. Am südlichen Ende der Maxbrücke begeistert eines der beliebtesten Fotomotive der Stadt, der Blick auf das Ensemble von Weinstadel, Wasserturm

Blick vom überdachten Henkersteg auf die Maxbrücke und den Schlayerturm.

und Henkersteg. Der massige Bau des Weinstadels mit dem hohen Fachwerkgiebel liegt direkt am Flussufer. Dieser lang gestreckte Bau wurde von 1446 bis 1448 als „Schlafhaus" für Leprakranke erbaut. Sie mussten durch eine

Der Dudelsackpfeifer, eine sagenumrankte Brunnenfigur auf dem Unschlittplatz.

eigene Tracht und das Klappern mit der „Schlotter" auf ihre Nähe aufmerksam machen. Später wurde der Weinstadel städtischer Speicher und Arbeits- und Spinnhaus. Seit 1950 ist er ein idyllisches Studentenwohnheim.

Der hölzerne Henkersteg verbindet seit 1457 die Sebalder Altstadt mit dem Lorenzer Teil von Nürnberg. Der überdachte Steg führt zum westlichen Ende des „Trödelmarkts" (eine kleine Pegnitzinsel) und zum Henkerturm, der zur vorletzten Stadtbefestigung von 1325 gehört. Er ist durch die zwei Rundbogenarkaden, die hier den nördlichen Flussarm überbrücken, mit dem Wasserturm verbunden.

Im Henkerturm sowie im Wehrgang auf den beiden Stadtmauerbögen hauste der städtische Scharfrichter, der innerhalb der Stadt abgesondert wohnen musste. Sein Amt zählte wie das eines Abdeckers zu den „unehrlichen" Berufen. Vom Henkersteg aus ergibt sich ein malerischer Blick auf

Dudelsackpfeiferbrunnen auf dem Unschlittplatz. Dort findet man die Gedenktafel für Kaspar Hauser.

die letzten der früher so zahlreichen
Fischerhäuser an der Pegnitz (flussaufwärts erkennbar an den aufzieh-
baren Fischkästen). Flussabwärts liegen
die Maxbrücke und der Kettensteg.

Man überquert den Henkersteg und
stößt auf das mächtige Unschlitthaus.
Es war seit 1491 – erbaut von Hans
Beheim d. Ä. – ursprünglich einer der
sieben gewaltigen Kornkästen, die der
Rat im 15. Jahrhundert errichten ließ,
um in guten Erntejahren Getreide zu
horten und nach Missernten den Brot-
preis regulieren zu können. 76 Dach-
luken belüfteten die Kornböden. Später
sammelte man hier den „Unschlitt"
(den Talg) der Metzger als Rohstoff für
Kerzen, Wagenschmiere und Schuh-
wichse. Vor dem Unschlitthaus liegt
der mit Fachwerkbauten umrahmte
Unschlittplatz. In seiner Mitte steht

Geschichte(n)

„Sie sagten, er käme von Nürnberg
her und er spräche kein Wort" textete
einst Chanson-Sänger Reinhard Mey
über Kaspar Hauser. Dieses rätselhafte
Findelkind konnte in der Tat nur wenige Worte sprechen, als es am 26. Mai
1828 am Unschlittplatz auftauchte
(Gedenktafel am Haus Nummer 8). Das
Gerücht, Hauser sei der verschleppte
Erbprinz von Baden, erregte Aufsehen.
Mit großer Anteilnahme verfolgte man
die Entwicklung des offenbar fast ohne
menschlichen Kontakt aufgewachsenen
14-Jährigen. Mit Kaspar Hausers nie
aufgeklärter Ermordung im Ansbacher
Hofgarten endete 1833 der mysteriöse,
bis heute unvergessene Kriminalfall.

Der Henkersteg führte zum Henkerturm. Dort lebte der Nürnberger Scharfrichter.

hinter einem Brunnengitter der Dudelsackpfeifer, der an die Lokalsage vom betrunkenen Spielmann erinnert.

Vom „Trödelmarkt" schaut man flussabwärts auf die nahe Maxbrücke.

Zurück zum „Trödelmarkt": Der frühere „Säumarkt" ist heute eine Einkaufsinsel mit Charme. Man steigt an ihrem Nordende über den Schleifersteg wenige Stufen hinauf zu einem Portal, auf dem ein steinerner Ochse ruht. Die angrenzende einbogige Fleischbrücke wurde von 1596 bis 1598 nach dem Vorbild der Ponte di Rialto in Venedig erbaut. Die 32 Meter lange Sandsteinbrücke galt damals als der technisch

innovativste Brückenbau Europas.
Bis heute steht die Brücke auf einem
Fundament von mehr als 2000 Eichen-
pfählen. Auf dem Nordufer steht das
reichsstädtische Fleischhaus von 1571.
Von ihm sind nur noch die unteren
Außenmauern original erhalten. Das
Ochsenportal wurde 1599 vorgebaut.
Vorbei am Fleischhauerbrunnen, einem
Wandbrunnen vor der Ostfassade,
genießt man den Blick auf Sebaldus-

Die Aussicht vom „Trödelmarkt" auf
den Wehrgang beim Wasserturm.

kirche, Rathaus und Burg. In der Zeit
des Nationalsozialismus diente das
Fleischhaus als NS-Propagandahaus.

Am Ochsenportal an der Fleischbrücke:
der Blick zum Fembohaus und zur Burg.

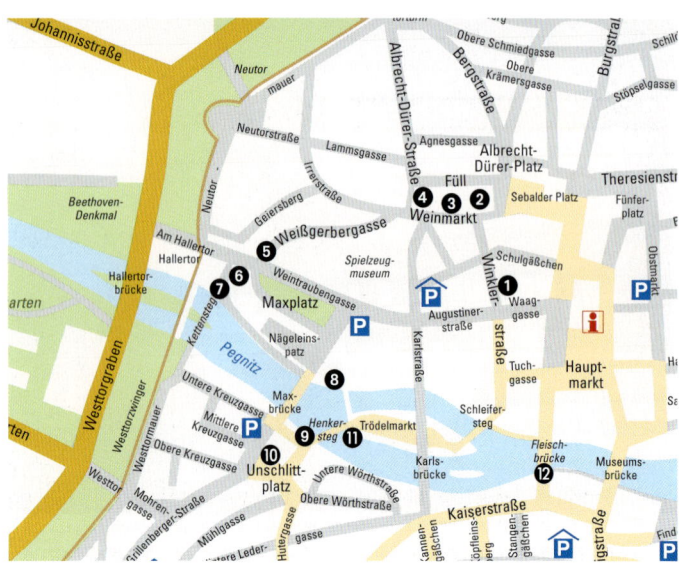

Ihr Weg zu Fuß

Ziel: Nürnbergs Brücken, Wege und Stege entlang der Pegnitz entdecken

Zeit: Ist in einer Stunde zu machen

Wieder beginnt die Route am Hauptmarkt. Der Weg führt dabei über die Waaggasse (beim Schönen Brunnen) vorbei am Gebäude der IHK und gleich dahinter rechts in die Winklerstraße. Dort stößt man auf das Replikat des ❶ Waagamtsreliefs von Adam Kraft (Winklerstraße 24) und wenige Schritte weiter an der Ecke Weinmarkt/Winklerstraße auf das ❷ „Haus zur Lilie". Mit schönem Blick auf die Doppeltürme und das Westportal der Sebalduskirche folgt die Tour dem Weinmarkt, wo man an der Fassade des Hauses Nummer 6 das ❸ St.-Georgs-Relief von Adam Kraft findet. Nur wenige Schritte weiter steht man vor der roten Fassade der früheren

❹ Fugger-Faktorei (Weinmarkt 12a). Von dort geht es nach links – vorbei an den Fachwerkfassaden der ❺ Weißgerbergasse – hinunter zur Pegnitz.

Am Ende der Weißgerbergasse überquert man den Maxplatz, wobei man rechts die mächtige ❻ Fronveste in der Stadtbefestigung unter dem Spitzhelm des Schlayerturms sieht. Ein Abstecher zum Blick vom „Westtorgraben" über die Stadtmauer ist zu empfehlen. Wer hier geradeaus geht, kommt so zum ❼ Kettensteg, einst die älteste Hängebrücke Deutschlands. Wer nicht unbedingt auf ihr gehen will, wählt den Weg auf dem nördlichen Pegnitzufer zur Maxbrücke und sieht flussabwärts die Fronveste und den Kettensteg. Noch schöner ist der Blick auf das Ensemble von ❽ Weinstadel, Wasserturm und ❾ Henkersteg. Die Maxbrücke führt an das Südufer der Pegnitz, wo man bald auf dem ❿ Unschlittplatz steht. Außer

Südgiebel des Unschlitthauses, früher einer der „Kornkästen" Nürnbergs.

dem Unschlitthaus findet man hier den Dudelsackpfeiferbrunnen sowie die Gedenktafel für Kaspar Hauser.

Ein Tipp: An der Ostfront des Unschlitthauses entdeckt man einen Panoramablick auf Sebalduskirche und Burg. Die Tour führt aber an der Westfront des früheren Kornlagerhauses – vorbei am kleinen Hiserlein-Brunnen – zurück zum Henkersteg. Hier genießt man den Blick flussauf- und -abwärts und kommt auf den ⓫ „Trödelmarkt" (er liegt auf einer Pegnitzinsel), an dessen Westseite die Ansicht mit Weinstadel und Wasserturm und ein „Durchblick" auf die Maxbrücke begeistern. Von der Insel aus leitet die Karlsbrücke zu beiden Pegnitzufern. Der schönere Weg zur ⓬ Fleischbrücke führt jedoch über den kleinen Schleifersteg am Ostende des Trödelmarkts.

An dieser Route liegen das Spielzeugmuseum (Karlstraße), der Tritonbrunnen und der Freundschaftsbrunnen am Maxplatz sowie die „Obere Wörthstraße" (historische Häuserzeile). Diese Sehenswürdigkeiten lohnen einen Umweg.

Sehenswert

❶ Waagamtsrelief von Adam Kraft (Winklerstraße 24, ein Replikat)

❷ Haus zur Lilie: Renaissance-Bürgerhaus (Ecke Winklerstraße/Weinmarkt)

❸ St.-Georgs-Relief von Adam Kraft am „Praun`schen Haus" (Weinmarkt 6)

❹ Weinmarkt 12a: Das Haus gehörte einst den reichen Fugger.

❺ Weißgerbergasse: die schönste Handwerkergasse in der Altstadt

❻ Schlayerturm und Fronveste (früher Waffenarsenal und Gefängnis)

❼ Kettensteg: 1824 als erste Hängebrücke Deutschlands errichtet (seit 1930 mit steinernen Stützen)

❽ Weinstadel und Wasserturm: ein romantisches Bilderbuch-Ensemble

❾ Henkersteg mit Henkerturm und Wehrgang – hier lebte der Nürnberger Scharfrichter

❿ Unschlittplatz, Unschlitthaus mit Hiserlein-Brunnen, Dudelsackpfeiferbrunnen und Hauser-Gedächtnistafel

⓫ „Trödelmarkt": Insel mit Blick auf Weinstadel, Wasserturm, Henkersteg

⓬ Fleischbrücke: Diese einbogige Brücke galt als eine technische Meisterleistung. Am Nordufer der Pegnitz: das Ochsenportal und das Fleischhaus

Rund um das Heilig-Geist-Spital: Hans Sachs und das Katharinenkloster

Schaut man von der Fleischbrücke die Pegnitz flussaufwärts, fällt der Blick auf die Museumsbrücke und das dahinter liegende Heilig-Geist-Spital. Beim Spaziergang um dieses Spital trifft man auf den Nürnberger Schuhmacher und Verseschmied Hans Sachs sowie die Spuren der „Meistersinger" beim nahen Katharinenkloster. Den einen wie die anderen hat Richard Wagner mit der Oper „Die Meistersinger von Nürnberg" unsterblich werden lassen.

Zum Heilig-Geist-Spital, zum Schuster-Poeten Hans Sachs und zu den Nürnberger Meistersingern führt ein Rundgang entlang der Pegnitz zwischen Museumsbrücke und Spitalbrücke. Die ersten Bauten des Heilig-Geist-Spitals, die größte reichsstädtische Wohlfahrtseinrichtung für Arme und Hilflose, entstanden 1332 bis 1339.

Gestiftet wurde sie vom Nürnberger Bürger und Reichsschultheiß Konrad Groß. Aus der Stiftungszeit sind noch der Glockenturm und die Nordwand der Heilig-Geist-Kirche am Hans-Sachs-Platz erhalten, in der von 1424 bis 1796 die Reichskleinodien (unter ihnen die Kaiserkrone, der Reichsapfel und das Zepter) aufbewahrt wurden.

Die Überbauung der Pegnitz mit den beiden brückenartigen Gebäuden der „Sude" und des „Hofbaus" nach den Plänen Hans Beheims d. Ä. erweiterten zwischen 1511 und 1527 dieses Spital und ließen so die malerische Ansicht entstehen, die man von der Museumsbrücke aus genießt. Im Heilig-Geist-Spital finden sich mehrere Innenhöfe

Bild oben: Der brückenartige Bau des Heilig-Geist-Spitals – von der Museumsbrücke aus gesehen.

(Zugang von der Spitalgasse oder über die Spitalbrücke). Vor allem zwei jener Höfe sollte man gesehen haben.

Im Hanselhof genießt man heute an warmen Tagen die fränkische Küche des „Heilig-Geist-Spitals" (so nennt sich das dortige Restaurant). Namensgeber des Hofs ist der Hanselbrunnen, der hier früher der Wasserversorgung diente. Hinter dem Brunnengitter des

Lieblingsmotiv der Fotograf(inn)en – die malerische Ansicht des Heilig-Geist-Spitals.

Sandsteinbeckens sitzt lässig ein Jüngling mit gekreuzten Beinen und bläst die Schalmei. Der rätselhafte

Der Hanselbrunnen steht im nördlichen Innenhof des Heilig-Geist-Spitals.

Das Kruzifix im Innenhof des Heilig-Geist-Spitals schuf Adam Kraft 1506 ursprünglich für den Johannisfriedhof.

Tipps

Open-Air: In der Ruine des Katharinenklosters findet von Juni bis August das Sommerfestival „st. katharina open air" statt. Hier wird ein breites Spektrum an Unterhaltung geboten. Tickets unter Telefon 09 11/2 31-40 00.

Feiern: Das Nürnberger „Altstadtfest" lädt im September zu Bier, Spanferkel und Ochsenfleisch auf die Insel Schütt. Ein bunter Umzug bildet den Auftakt.

Café: „Hans Sachs 10" heißt ein kleines Café am Hans-Sachs-Platz. Im Sommer kann man hier auf dem Liegestuhl neben dem Denkmal sitzen.

Erleben: Die Kinderweihnacht auf dem Hans-Sachs-Platz im Advent sorgt für glänzende Kinderaugen.

Hansel entstand wohl um 1380 als früher Bronze-Hohlguss und als älteste der großen Nürnberger Gussplastiken. Im Hanselhof steht ein Nachguss. Das Original befindet sich im Germanischen Nationalmuseum.

Im benachbarten Kreuzigungshof entdeckt man die Kreuzigungsgruppe von Adam Kraft. Sie wurde um 1506 für den Johannisfriedhof geschaffen und erst 1905 in diesem Hof mit den Sandsteinbögen und dem blumengeschmückten hölzernen Gang angebracht. Sehenswert sind zudem die beiden in der angrenzenden offenen Halle stehenden großen Tischgräber der Stifter Konrad Groß (er starb 1356) und Herdegen Valzner (von 1423).

Am Ende der Spitalgasse trifft man auf den Hans-Sachs-Platz. Seit 1874 sitzt hier der Poet und Meistersinger Hans Sachs auf seinem Marmorsockel und blickt nachdenklich mit gespitzter Feder auf den nach ihm benannten Platz. In einer Häuserzeile hinter sei-

nem Rücken stand bis 1945 das kleine
Wohnhaus, in dem der Nürnberger
Schuster-Poet 30 Jahre lang Schuhe
fertigte, verkaufte und reparierte. An
Meister Sachs und an die Nürnberger

Nachdenklicher Blick aufs Schreibgerät:
Hans Sachs sitzt auf dem Sockel des
Denkmals auf dem Hans-Sachs-Platz.

Altstadtfest-Umzug vor dem Schuldturm.
Er diente in der Tat als Gefängnis für
Schuldner und als „Narrenhäuslein".

Geschichte(n)

Hans Sachs wurde 1494 in Nürnberg
geboren. Nach Lehrjahren in Franken,
Bayern und im Rheinland ließ er sich
1516 als Schuhmacher in der Heimatstadt nieder. 1520 wurde er Meister.
Sachs wurde der wohl berühmteste
deutsche Dichter des 16. Jahrhunderts.

1523 erwarb er sich mit dem Gedicht
„Die Wittenbergisch Nachtigall" über
Martin Luthers Lehre frühen Ruhm.
Bis zu seinem Tod im Jahr 1576 schuf
der Schuster-Poet über 6000 Werke:
rund 4300 geistliche und weltliche
Meisterlieder, 1700 Spruchgedichte,
70 volkstümliche Lieder, 70 Komödien,
58 Tragödien und 65 Fastnachtsspiele.
Weltweit bekannt wurde Sachs durch
Richard Wagners Oper „Die Meister-
singer von Nürnberg" von 1868.

Vor der Ruine des Katharinenklosters: Hier spielt eine Szene der Wagner-Oper „Die Meistersinger von Nürnberg".

Meistersinger erinnert auch die nahe Ruine des Katharinenklosters, wo die Meistersinger von 1620 bis 1778 ihre „Singschule" abhielten. Deshalb ließ Richard Wagner den ersten Akt seiner

Wappen als Spuren der Patrizierherrschaft in Nürnberg finden sich an der westlichen Kanzel der 1598 fertiggestellten Fleischbrücke.

1867 entstandenen Oper „Die Meistersinger von Nürnberg" im Katharinenkloster spielen. Die Ruine ist heute ein beliebter Veranstaltungsort für Musikkonzerte, für Kabarett und die „Hans-Sachs-Spiele" (mit Schwänken des Nürnberger Dichters).

In Nürnberg erinnern heute neben dem Hans-Sachs-Denkmal auf dem Hans-Sachs-Platz die nahe Hans-Sachs-Gasse hinter der Frauenkirche und das „Ehekarussell" beim Weißen Turm an den Dichter. Das auch „Hans-Sachs-Brunnen" genannte monumentale Kunstwerk hat der Braunschweiger Jürgen Weber ebenso geschaffen wie das „Narrenschiff" westlich des Heilig-Geist-Spitals. Der Name des „Narrenschiffs" bezieht sich auf ein 1494 (also im Geburtsjahr von Hans Sachs) in Nürnberg herausgegebenes und mit Stichen Albrecht Dürers illustriertes Gedicht des Straßburger Humanisten Sebastian Brant. Dessen Vers-Epos geißelt menschliche Fehler, Verbrechen und Narrheiten. Die Bronzeplastik

(Zweitguß von 1987) zeigt ein ängstliches Paar auf einem führerlosen Schiff zwischen einem Wolf und dem Tod.

Aussicht vom südlichen Pegnitzufer auf Heilig-Geist-Spital und Schuldturm.

Ein markantes Bauwerk im Osten des Heilig-Geist-Spitals ist der Schuldturm. Tatsächlich diente er als Gefängnis für die (männlichen) säumigen Zahler und als „Narrenhäuslein". Von 1320 bis 1325 wurden die Stadtmauern der Lorenzer und Sebalder Stadt über die Pegnitz hinweg verbunden. Von jener vorletzten Stadtmauer ist dieser Turm an der Spitalbrücke erhalten geblieben.

Der Blick von der Museumsbrücke auf die benachbarte einbogige Fleischbrücke.

Sehenswert

❶ „Narrenschiff": eine Bronzeplastik

❷ Heilig-Geist-Spital: größte reichsstädtische Sozialstiftung (seit 1332)

❸ Hanselbrunnen: rätselhafte Figur
im Innenhof des Heilig-Geist-Spitals

❹ Kreuzigungsszene Adam Krafts
im Kreuzigungshof des Spitals

❺ Hans-Sachs-Denkmal: Bronzeplastik
auf dem Hans-Sachs-Platz

❻ Schuldturm: ein Stadtmauerturm

❼ Ruine des Katharinenklosters: Hier
war die Singschule der Meistersinger.

❽ Pegnitzufer: Blick auf das Spital

❾ Museumsbrücke (mit Blick auf
Heilig-Geist-Spital und Fleischbrücke)

Ihr Weg zu Fuß

Ziel: Einen kurzen Spaziergang um das
Heilig-Geist-Spital machen und dabei
auf Hans Sachs treffen

Zeit: Höchstens eine Stunde (ein richtig
gemütlicher Verdauungsspaziergang)

Auch diese Tour lässt sich bequem vom
Hauptmarkt aus beginnen. Vorbei an
der Frauenkirche führt die Route über
die kurze Plobenhofstraße in Richtung
Museumsbrücke zur Bronzeplastik des
❶ „Narrenschiffs". Man lässt die angrenzende Museumsbrücke erst einmal
rechts liegen und folgt der schmalen
Spitalgasse entlang der Nordfassade
des massigen ❷ Heilig-Geist-Spitals.

Hier betritt man das Spital am besten
über das Portal des dortigen Restaurants und befindet sich dadurch gleich
hinter der Eingangstür im „Hanselhof".
Rechts sieht man schon den ❸ Hansel-

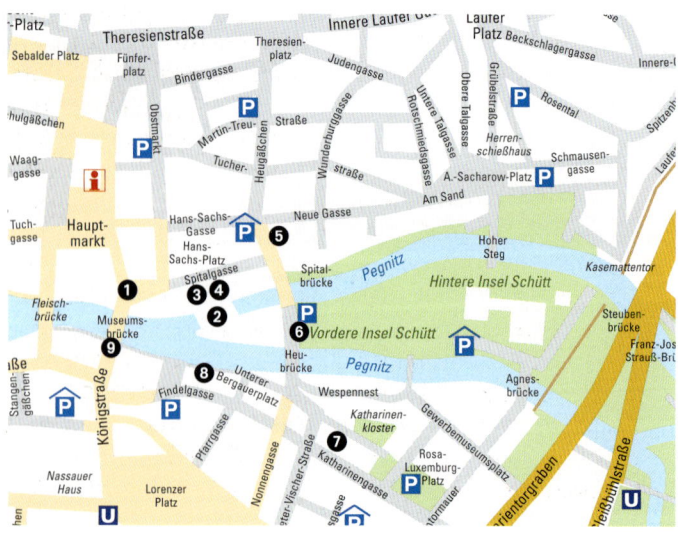

brunnen mit der auf einer Schalmei blasenden Brunnenfigur. Auf der direkt gegenüberliegenden Seite dieses Innenhofs führen Treppenstufen zu einer unscheinbaren Holztüre hinauf, durch die es (vorbei an den Tischgräbern der beiden Stifter Groß und Valzner) in den Kreuzigungshof mit der ❹ Kreuzigungsszene des Bildhauers Adam Kraft geht.

Um den berühmten Nürnberger Poeten zu sehen, nimmt man den gleichen Weg zurück durch den Hanselhof und zur Nordfassade des Spitals. Man folgt ihr in Richtung Osten zum Hans-Sachs-Platz, wo – kaum zu übersehen – das ❺ Hans-Sachs-Denkmal steht. Vom Dichter-Denkmal aus folgt man weiter der Nordseite des Heilig-Geist-Spitals bis zu ihrem Ende, an dem man rechts zur Spitalbrücke hin abbiegt. An der Brücke (sie verbindet die Vordere Insel Schütt, auf deren Westspitze das Heilig-Geist-Spital steht, mit der Sebalder Altstadt) sieht man schon den markanten ❻ Schuldturm. An ihm vorbei wählt

Auf ein 1494 in Nürnberg erschienenes Gedicht bezieht sich das „Narrenschiff".

man am südlichen Ufer der Vorderen Insel Schütt den Weg über die Heubrücke, die in die Lorenzer Altstadt führt. Nach der Heubrücke geht es in einer Linkskurve leicht bergauf zur Ruine des ❼ Katharinenklosters.

Der Weg führt vom Katharinenkloster zurück zur Heubrücke, vor der man jedoch nach links abbiegt und auf einem kleinen Fußgängerweg dem südlichen ❽ Pegnitzufer folgt. Hier zeigt das auf der anderen Seite des Flusses liegende Heilig-Geist-Spital seine lang gestreckte, mit Blumen geschmückten Balkonen gestaltete Südfassade. Man folgt dem Uferweg mit Blick auf das Spital bis zur ❾ Museumsbrücke. Hier genießt man den schönsten Blick auf die idyllische Postkartenansicht des Heilig-Geist-Spitals, unter dem hindurch der nördliche Arm der Pegnitz um die Westspitze der Vorderen Insel Schütt fließt.

Durchs Egidienviertel zu Seefahrer Behaim, Pellerhaus und Tucherschloss

Das Egidienviertel ist – anders als das benachbarte Burgviertel – kein weitgehend geschlossenes Ensemble mehr, in dem sich die Sehenswürdigkeiten aneinanderreihen. Sehenswertes findet man aber auch in diesem Stadtviertel zwischen dem Rathaus und dem Laufer Tor: Hier führt der Weg zum Denkmal des Seefahrers und Kaufmanns Martin Behaim und zum Grübelsbrunnen, zu den Resten des Pellerhauses, zum Tucherschloss und zum Hirsvogelsaal. Zentrum ist die einzige erhaltene Barockkirche Nürnbergs.

Zum Egidienviertel zählen eigentlich auch die Straßenzüge um das Heilig-Geist-Spital und das Hans-Sachs-Denkmal. Doch während sich auch in dieser Ecke Nürnbergs zahlreiche Touristen tummeln, liegen die Straßenzüge um den Egidienplatz und die Egidienkirche seitab der üblichen Stadtrundgänge.

Weil dem so ist, steht man im Viertel zwischen Rathaus und Laufer Tor zudem auch noch häufig genug vor verschlossenen Türen, wenn man die durchaus spannenden Höhepunkte dieses Stadtteils besichtigen will. Die Egidienkirche ist zwar meistens geöffnet, die einzige erhaltene barocke Kirche Nürnbergs ist wegen der Kriegsschäden und der damit verbundenen Nachkriegsausstattung nur noch von außen besonders sehenswert. Die Glanzlichter dieses Sakralbaus verbergen sich aber in drei aneinandergebauten Kapellen an der Südseite der Kirche. Eine Besichtigung kann man mit dem Innenstadtpfarramt (Telefon 09 11/2 14-11 41) vereinbaren. Der Aufwand lohnt sich.

Bild oben: Das Tucherschloss war das „Sommerhaus" reicher Patrizier.

Man kommt zunächst in die gotische Wolfgangskapelle, in der man unter anderem ein Flachrelief aus der Werkstatt von Veit Stoß entdeckt. Die anschließende romanische Euchariuskapelle ist sogar der älteste Sakralbau Nürnbergs (um 1130 entstand er als Kapelle des Königshofs). In der Tetzelkapelle beeindrucken die Totenschilder der gleichnamigen Patrizierfamilie und das Landauer-Grabmal mit dem Motiv einer Marienkrönung von Adam Kraft.

Nur montags bis freitags (von 10 bis 12.30 Uhr, am Nachmittag montags bis mittwochs und freitags von 13.30 bis 15.30 Uhr und donnerstags bis 19 Uhr) kommt man in den benachbarten Flachdachbau einer Zweigstelle der Stadtbibliothek mit den Resten des Pellerhauses. Vor der Zerstörung im Zweiten Weltkrieg zählte es zu den wichtigsten Renaissance-Bürgerhäusern Europas. Teile des Arkadenhofs und ein Abguss des Apollobrunnens lassen die Pracht im Palais des vom Bodensee stammenden Kaufmanns Peller erahnen. Weit

Das Denkmal für den Seefahrer Martin Behaim steht auf dem Theresienplatz.

besser erkennt man heute den Glanz des reichen Nürnberg im kleinen Tucherschloss, dem „Sommerhaus" der Patrizierfamilie Tucher in der Hirschelgasse. Der verspielte, 1533 bis 1544

Die Apollo-Figur vor den Resten des Arkadenhofs des Pellerhauses.

Tipps

Führung: Im Tucherschloss führt Hausherrin „Katharina Tucher" im Rahmen einer Schauspielerführung durch die Renaissanceräume. Jeweils sonntags um 14 Uhr (Aufpreis auf normalen Eintritt). Infos: Telefon 09 11/2 31-54 14 oder www.museen.nuernberg.de

Picknick: Ohne Aufpreis kann man sich im Sommer (So 10 – 17 Uhr) im Garten des Tucherschlösschens mit einem mitgebrachten Picknickkorb niederlassen.

Feiern: Den Hirsvogelsaal kann man nicht nur ansehen. Man kann ihn auch für edle Feiern und Feste mieten.

Kinderführungen: „Kleider machen Leute" ist ein Titel von drei Rundgängen, die im Tucherschloss speziell für Kinder angeboten werden. Die kleinen Besucher erfahren allerhand über verschiedene Stoffe und schlüpfen in historische Kleider. Weitere Infos unter: www.museen.nuernberg.de

Die Brunnenfigur des Dichters Grübel steht vor dem Laufer Schlagturm.

entstandene Renaissancebau mit teils typisch Nürnberger, teils italienisch wirkenden Stilelementen wurde im Inneren neu belebt. Seine Räume wurden quasi als „Bühnenbilder" inszeniert, welche die Geschichte der Nürnberger Patrizier, ihre Handelsbeziehungen und ihre Politik erklären.

An den Garten des Tucherschlosses schließt sich das im Jahr 2000 entstandene Gebäude an, das heute den Hirsvogelsaal umhüllt. Der 1534 geschaffene Gartensaal zählt zu den bedeutendsten Renaissance-Innenräumen Deutschlands. Früher lag er etwa hundert Meter vom jetzigen Standort entfernt. Dieser Bau wurde im Zweiten Weltkrieg zerstört, das rechtzeitig ausgebaute Deckengemälde des Dürer-Schülers Georg Pencz und die Wandvertäfelung des Nürnberger Meisters Peter Flötner blieben erhalten und fanden hier einen neuen Standort. Das Tucherschloss und der Hirsvogelsaal sind montags von 10 bis 15 Uhr, donnerstags von 13 bis 17 Uhr und sonntags (10 bis 17 Uhr) zu sehen.

Jederzeit zu sehen ist das Denkmal für den Seefahrer und Kaufmann Martin Behaim am Theresienplatz, unter Behaims Anleitung entstand von 1492 bis 1494 in Nürnberg der älteste erhaltene Globus der Welt. Auf dem benachbarten Egidienplatz findet man das Melanchthon-Denkmal vor dem Melanchthon-Gymnasium (das älteste Nürnbergs). 1826 ehrte dieses Denkmal Melanchthon als den Initiator der Schule. Auffallend ist die grüne Hand dieser Sandstein-Figur. Nachdem sie zweimal abgeschlagen wurde, ersetzte sie der Schöpfer des Denkmals, der Bildhauer und Erzgießer Jakob Daniel Burgschmiet, durch eine Hand aus Bronze. Das Denkmal für Kaiser Wilhelm I. vor der Egidienkirche entstand 1905. Bayernweit ist es sein einziges Reiterdenkmal.

Weit weniger majestätisch wirkt der kleine Grübelsbrunnen auf dem nahen Inneren Laufer Platz. Mit ihm wird der dichtende Nürnberger Handwerker Johann Conrad Grübel (er lebte von 1736 bis 1809) als der „Hans Sachs des Rokoko" geehrt. Dieser Nürnberger Mundartdichter fand sogar die Anerkennung seines großen Kollegen Goethe. Der Grübelsbrunnen steht direkt beim Laufer Schlagturm. Das nach 1250 entstandene Stadttor zählt zu den wenigen Überresten der vorletzten Stadtbefestigung. Seine beiden Obergeschosse wurden 1508 errichtet.

In Sichtweite steht das seit 1337 bekannte Laufer Tor, das 1556 rund ummantelt wurde. Dieses Tor im Osten der Altstadt ist einer der wenigen verbliebenen sehenswerten Reste der Stadtmauer, die hier weitgehend abgetragen wurde. Südlich des Laufer Schlagturms liegt das Herrenschießhaus von 1583 (ein Renaissancebau an der Grübelstraße, in der übrigens das Geburtshaus des Dichters stand). Im benachbarten Graben der früheren Stadtmauer lag die namensgebende Schießstätte der vornehmen Armbrustschützengesellschaft.

Was im Egidienviertel noch interessant sein könnte? Die Sieben Zeilen am Nordende des Webersplatzes etwa,

Der Laufer Schlagturm ist ein Relikt der vorletzten Nürnberger Stadtmauer.

deren zerstörte Vorgängerbauten für angeworbene schwäbische Weber errichtet worden waren. Diese frühe Wohnsiedlung gilt als ein mögliches Vorbild für die 1521 gestiftete Augsburger Fuggerei. Die Madonna (Kopie) an der Ecke Wunderburggasse/Martin-Treu-Straße erinnert daran, dass ihr Schöpfer Veit Stoß hier gelebt hat. Für die Landauerkapelle beim Laufer Schlagturm (für Touristen nicht zugänglich) hat Dürer sein berühmtes Allerheiligenbild gemalt.

Der Blick auf das Herrenschießhaus, ein Renaissancebau an der Grübelstraße.

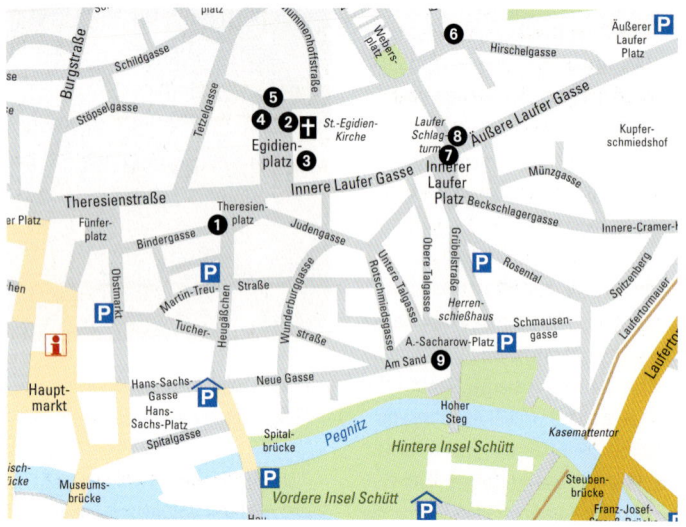

Sehenswert

❶ Martin-Behaim-Denkmal am Theresienplatz, gegossen 1890

❷ Barocke Egidienkirche mit Wolfgang-, Eucharius- und Tetzelkapelle

❸ Melanchthon-Denkmal (von 1826)

❹ Reiterstandbild Kaiser Wilhelms I.

❺ Pellerhaus: früher das prunkvollste Bürgerhaus der Stadt, Apollobrunnen

❻ Tucherschlösschen im Stil der Renaissance, Park und Hirsvogelsaal

❼ Laufer Schlagturm (nach 1250)

❽ Grübelsbrunnen: Bronzefigur des Nürnberger Mundartdichters (1881)

❾ Herrenschießhaus: 1582 für die „Herrenschützen" errichtet.

Ihr Weg zu Fuß

Ziel: In diesem Teil des Egidienviertels Alt-Nürnberg abseits der üblichen Touristenrouten entdecken

Zeit: Etwa eine Stunde (aber nur ohne eine Besichtigung von Tucherschloss und Hirsvogelsaal)

Als Ortsfremder folgt man am besten der Theresienstraße von der Nordseite des Rathauses am Fünferplatz bis zum Theresienplatz. Dort findet man das ❶ Behaim-Denkmal. Schräg gegenüber liegt der Egidienplatz. Die ❷ Egidienkirche bildet hier zusammen mit dem ❸ Melanchthon-Gymnasium – davor steht das Melanchthon-Denkmal – das schönste barocke Ensemble Nürnbergs.

Mitten auf dem Egidienplatz stößt man auf das ❹ Reiterstandbild Kaiser Wilhelms I. Wenige Schritte vom Denkmal entdeckt man die sehenswerten Reste des ❺ Pellerhauses (es wurde von 1602 bis 1605 von Jakob Wolff d. J. erbaut) in einem Flachbau am oberen, nördlichen Ende des Platzes.

Links (also nördlich) an der Egidienkirche vorbei geht man über einen Fußweg zum Webersplatz. Von dort aus führt der Weg zum ❻ Tucherschloss in der Hirschelgasse – es ist das einzige Gartenschloss innerhalb der Nürnberger Stadtmauern. Am Nordende der Gartenanlage des Tucherschlosses steht die moderne Hülle des Hirsvogelsaals. Von hier geht es bergab zum Inneren Laufer Platz. Dort sind die zwei Stadtmauergürtel gut zu erkennen. Der hohe ❼ Laufer Schlagturm ist das östliche Tor der vorletzten Stadtbefestigung von 1250. Unter diesem Turm erinnert der kleine ❽ Grübelsbrunnen an den Mundartdichter Konrad Grübel.

Gegenüber geht man die Grübelstraße hinunter – vorbei am Geburtshaus des Dichters – und an einem Teilstück der

Blick vorbei am Kaiser-Wilhelm-Denkmal auf einen der Türme der Egidienkirche.

vorletzten Stadtmauer vorbei zum ❾ Herrenschießhaus – ein prächtiger Renaissancebau, der einst die Armbrustschützengesellschaft beherbergte. Über die Pegnitz geht es zur Hinteren Insel Schütt: Vom Hohen Steg genießt man den Ausblick entlang der Pegnitz. Auf der Insel Schütt nimmt man den Weg zum Schuldturm an der Spitalbrücke und damit zurück ins Stadtzentrum.

Der Hirsvogelsaal beim Tucherschloss.

Unter den Türmen der Lorenzkirche: zwischen Mittelalter und Moderne

Der Spaziergang durch die Lorenzer Altstadt führt vom Hauptbahnhof durch die Königstraße zur Lorenzkirche und zum Tugendbrunnen, hinter dem sich ein Panoramablick auf die Sebalduskirche und die Burg ergibt. Neues Museum und Germanisches Nationalmuseum, Mauthalle und Nassauerhaus liegen auf dem Weg. Verlängert man die von Orientierungsproblemen freie Tour von der Lorenzkirche über den Hauptmarkt bis zur Burg, hat man in kurzer Zeit fast alle der ganz großen Sehenswürdigkeiten der Nürnberger Altstadt gestreift.

In anderen Städten würde man schon den 1906 im Stilmix von Neurenaissance und -barock erbauten Hauptbahnhof zu den bedeutenden Sehenswürdigkeiten zählen. In der Tat sollte man sich wenigstens das Jugendstildekor im heutigen Reisezentrum ansehen. Auf der anderen Seite des Bahnhofsvorplatzes lockt allerdings schnell das alte Nürnberg, das dort unübersehbar mit dem dicken Königstorturm und dem Frauentor beginnt.

Beide Bauten gehören zur Stadtmauer, hinter der schon die Altstadt liegt. Das Frauentor gegenüber dem Bahnhof ist voll erhalten und zählt zu den wohl markantesten Stellen des Stadtmauerrings. Durch das mit einem doppelköpfigen Reichsadler verzierte Stadttor erreicht man über eine Holzbrücke den von Wehrgängen umgebenen sogenannten Waffenhof.

Heute sind hier in Fachwerkhäuschen die Geschäfte des Handwerkerhofs untergebracht. Und statt mit Waffen

Bild oben: Die 77 Meter hohen Türme und die Rosette über dem Westportal der gotischen Lorenzkirche.

kämpfen die Nürnberger an diesem Ort mit Bratwürsten, Kunsthandwerk, Blechspielzeug und Souvenirs um den Inhalt der Geldbörsen der Besucher ihrer Stadt.

Wer sich jetzt nur noch auf Butzen-scheibenromantik einstellt, wird schon am benachbarten Klarissenplatz (sehr angenehm) von der Stadt überrascht. Hier zeigt sich Nürnberg von seiner

Das Frauentor und der wegen seiner Form auch „Dicker Turm" genannte Königstor-turm: Hinter diesem Teil der Stadtmauer findet man den früheren Waffenhof, in dem Nürnberg heute seine Besucher mit den Angeboten des Handwerkerhofs empfängt.

Durch eine beeindruckende 100 Meter lange geschwungene Glasfassade hat man Einblick ins Neue Museum.

Die Mauthalle an der Königstraße war einer der Nürnberger Getreidespeicher.

Tipps

Tourist-Info: Gegenüber dem „Dicken Turm" ist die „Tourist Information" im Vorbau des Künstlerhauses. Hier ist die Benutzung der Toiletten gratis.

Museum: Das DB Museum liegt gleich ums Eck (Lessingstraße 6). Im selben Haus: das Museum für Kommunikation.

Kultur: Das „Literaturhaus" (in der Luitpoldstraße beim Hauptbahnhof) ist ein stilvolles Restaurant und Café. Zudem ist es das Nürnberger Zentrum für (inter-)nationale Literatur-Events.

Shopping: Wer ein besonderes Andenken an Nürnberg sucht, wird sicher im Handwerkerhof (geöffnet von Mitte März bis Dezember) fündig. Dort gibt es neben Zinngießer und Puppenmacher viele kleine weitere Handwerkerläden. Der Nürnberger Hauptbahnhof ist auch Einkaufszentrum – hier kann man täglich (meist bis 22 Uhr) einkaufen.

modernen Seite. Die lang gestreckte, in leichter Bogenform geschwungene Glasfassade des Neuen Museums, des Staatsmuseums für Kunst und Design in Nürnberg, dominiert den Platz – ein architektonisch begeisterndes Zeugnis der Gegenwart, in dem internationale Kunst der Gegenwart und zeitgenössische Gestaltung gezeigt werden.

Die nahe Mauthalle führt in die Zeit der Entdeckung Amerikas zurück. Das dominante Bauwerk an der Königstraße wurde in den Jahren 1498 bis 1502 von Hans Beheim d. Ä. im aufgelassenen Stadtgraben der vorletzten Stadtbefestigung als größtes von damals zwölf Nürnberger Kornhäusern errichtet. Seinen Ostgiebel ziert ein markanter Maschengiebel. Darunter trägt das Spitzbogenportal ein Relief des Bildhauers Adam Kraft: Vor den zwei Nürnberger Wappen (darüber das

Wappen mit dem Doppelköpfigen Adler des Hauses Habsburg) schnüffelt ein kleiner weißer Hund, vielleicht ein Symbol der Wachsamkeit, vielleicht ein Scherz des großen Meisters.

Durch eine Seitengasse gleich nach der Mauthalle sieht man einen gedrungenen doppeltürmigen Quaderbau – das ehemalige Zeughaus der wehrhaften Freien Reichsstadt Nürnberg. Von dem 1588 entstandenen Bauwerk ist nur noch das Portalgebäude erhalten, das aber eher putzig als martialisch wirkt. Bereits von der Mauthalle aus begeistert der Blick auf die 77 Meter hohen Doppeltürme der Lorenzkirche. Auf dieser Tour ist sie die erste der „Big Five" unter den Nürnberger Sehenswürdigkeiten. Die evangelische Lorenzkirche ist der größte und künstlerisch wohl bedeutendste Sakralbau der Stadt. Der Baubeginn war um 1270. Das 13 Meter hohe Hauptportal zeigt figurenreiche Szenen der Jugend Jesu, der Passion und des Jüngsten Gerichts, umrahmt von zwölf Aposteln und 14

Nicht weit von der Mauthalle entfernt: die „Straße der Menschenrechte" beim Germanischen Nationalmuseum.

Propheten. Die Mittelachse des Portals bilden Maria, das Kruzifix und Christus als Richter, umgeben von Adam und

Das Nassauerhaus, ein mittelalterlicher Wohnturm gegenüber der Lorenzkirche.

Vor der Nordfassade der Lorenzkirche steht der Tugendbrunnen.

Eva, zwei weiteren Propheten und den beiden Kirchenpatronen Laurentius und Stephanus. Darüber ist die mehrschichtige Maßwerkrosette zu sehen: Sie macht die Westfront zusammen mit dem Hauptportal und dem von einem Türmchen gekrönten Ziergiebel zu einer der beeindruckendsten Ansichten deutscher Kathedralen der Gotik. Den witzigen, 1888 entstandenen kleinen Teufelsbrunnen links vom Hauptportal sollte man nicht übersehen.

Das Innere der Lorenzkirche birgt eine schier verwirrende Fülle wertvoller sakraler Kunstschätze. Die zwei berühmtesten Kunstwerke in der Lorenzkirche will jeder sehen: Das erste ist der von Veit Stoß aus Lindenholz geschnitzte Engelsgruß. Das auch der „Englische Gruß" genannte, frei im Chor hängende Meisterwerk schuf der Bildhauer 1519, kurz bevor sich die Freie Reichsstadt zur Reformation bekannte. Die beiden überlebensgroßen Figuren im Rosenkranz zeigen Maria mit dem Erzengel Gabriel. Der zweite Höhepunkt ist nur Schritte davon entfernt: Adam Krafts Sakramentshaus ist eine der wichtigsten Schöpfungen der Spätgotik. Von 1493 bis 1495 arbeitete Kraft an dem Werk und verewigte sich selbst in einer der Stützfiguren. Nach 1520 entstand das unbemalte Kruzifix des Hauptaltars, das ebenfalls Bildhauer Veit Stoß schuf. Es gibt aber so viel mehr zu sehen (mehr zu diesen Bildhauern auf den Seiten 122 bis 129 dieses Stadtführers).

Gegenüber der Lorenzkirche steht das Nassauerhaus. In Nürnberg ist es das einzige erhaltene Beispiel eines für das Mittelalter typischen Wohnturms. Vermutlich im späten 12. Jahrhundert entstanden der Keller und die beiden Untergeschosse, in den Jahren 1422 und 1433 wurden die Obergeschosse, der Zinnenkranz und drei Ecktürmchen aufgesetzt und das Chörlein angebaut.

Westportal, Rosette und Türmchengiebel zwischen den Türmen der Lorenzkirche.

Neben der mächtigen Lorenzkirche und dem hohen Nassauerhaus nimmt sich der 1589 entstandene Tugendbrunnen geradezu wie ein zierliches Spielzeug aus. Die Figuren sind Allegorien des Glaubens, der Liebe, der Hoffnung, Tapferkeit, Mäßigkeit und Geduld. Über allen aber thront die Gerechtigkeit als die höchste Tugend.

Als „Kontrast" zu Gotik und Renaissance in der Lorenzer Altstadt bietet sich ein Schwenk von der Königstraße zur 1993 von Dani Karavan entworfenen „Straße der Menschenrechte" in der Kartäusergasse an. Direkt vor dem Germanischen Nationalmuseum erinnern 27 Säulen, zwei Bodenplatten und ein Baum an die 30 Artikel der 1948 durch die Vereinten Nationen verkündeten Menschenrechte. Säulen und Bodenplatten tragen jeweils Texte in Deutsch und einer Fremdsprache.

Ihr Weg zu Fuß

Ziel: Das alte Nürnberg und die Lorenzkirche ganz schnell kennenlernen

Zeit: Wer es eilig hat, kann die Sehenswürdigkeiten in einer Stunde von außen beschnuppern. Wer das Germanische Nationalmuseum, das Neue Museum und die Lorenzkirche von innen sehen will, braucht einen vollen Tag.

Die Tour beginnt am Bahnhofsvorplatz. Von ihm aus kreuzt man (am sichersten unterirdisch) den stark befahrenen Frauentorgraben. Ein Eingang zum ❶ Handwerkerhof ist beim Frauentor direkt gegenüber dem großen Bahnhofsportal. Der Eingang beim Königstorturm liegt etwas versteckter und ist über die Königstraße – gegenüber dem modernen Glaskubus mit der dortigen „Nürnberg Info" – zu erreichen.

Wer nicht zur „Nürnberg Info" will, geht zunächst nicht gleich wieder zur Königstraße zurück. Es empfiehlt sich der Weg zum an den Handwerkerhof angrenzenden ❷ Neuen Museum. Man kommt entlang der geschwungenen Glasfassade dieses Museums über den Klarissenplatz und durch das folgende Gässchen auf die Luitpoldstraße. Auf ihr geht es mit wenigen Schritten nach rechts wieder zurück zur Königstraße. Dort führt die Route sofort nach links und zur nur ein paar Häuser entfernten, mächtigen ❸ Mauthalle am Hallplatz. Wer diesen massigen Bau passiert hat, sieht links (durch die Gasse vor der Galeria Kaufhof) bereits das gedrungen wirkende ❹ Zeughaus liegen.

Zurück zum Hallplatz: Wer genug Zeit für einen Museumsbesuch hat, erreicht über den Hallplatz geradeaus (links am Zeughaus vorbei) den Kornmarkt, wo man wieder links in die Kartäusergasse abbiegt. Man durchquert die ❺ „Straße der Menschenrechte", durch die man direkt zum Foyer des ❻ Germanischen Nationalmuseums kommt.

Wer es eilig hat, kann sich das Museum und die „Straße der Menschenrechte" aber auch für einen späteren Besuch aufheben, denn von der Mauthalle aus lockt bereits die Aussicht auf die beiden schlanken Türme der gotischen ❼ St.-Lorenz-Kirche. Am nördlichen Ende der Königstraße öffnet sich einer der schönsten Plätze der Stadt: rechts die Lorenzkirche, links das hoch aufragende ❽ Nassauerhaus und mittendrin der ❾ Tugendbrunnen, hinter dem man das Panorama mit den Türmen der Sebalduskirche und der hoch über der Stadt liegenden Burg bewundert.

Von hier aus führt der Weg abwärts zur Museumsbrücke. Von der Brücke aus hat man rechts den bekannten Blick auf das Heilig-Geist-Spital. Geradeaus weiter ist man gleich am Hauptmarkt (Frauenkirche auf der rechten Seite) angekommen. Am „Schönen Brunnen" vorbei führt der Weg zwischen Altem Rathaus und der Sebalduskirche die Burgstraße hinauf zum Fembohaus und weiter zur Burg. Von dort aus findet man den Weg zum Dürerhaus ganz leicht, sodass man mit dieser „Super-Tour" die wichtigsten Sehenswürdigkeiten in der Nürnberger Altstadt in kurzer Zeit gestreift hätte.

Sehenswert

❶ Der Handwerkerhof liegt zwischen Königstorturm und Frauentor.

❷ Neues Museum: Freie und Angewandte Kunst der Moderne und ein sehenswerter Museumsbau

❸ Mauthalle: das größte der zwölf reichsstädtischen Kornlagerhäuser

❹ Zeughaus: Eingangsportal des Waffenarsenals der Stadt (1588)

❺ „Straße der Menschenrechte": gebildet aus 27 Säulen, zwei Bodenplatten und einem Baum (1993)

❻ Germanisches Nationalmuseum: Museum des deutschen Sprachraums zu Kultur, Kunst und Geschichte

❼ Lorenzkirche: erbaut ab 1270, eine der wichtigsten gotischen Kirchen Deutschlands. Große Kunstwerke sind: der „Englische Gruß" von Veit Stoß und das Sakramentshaus Adam Krafts

❽ Nassauerhaus: mittelalterlicher Wohnturm (im Kern 12. Jahrhundert)

❾ Tugendbrunnen: ein Renaissancebrunnen mit den sieben Allegorien der Tugend (1584 bis 1589)

❿ bis ⓱ sind in den vorhergehenden Kapiteln beschriebene Haupt-Sehenswürdigkeiten der Sebalder Altstadt: Heilig-Geist-Spital und Frauenkirche, „Schöner Brunnen", Rathaus, Sebalduskirche, Fembohaus, Burg und Dürerhaus.

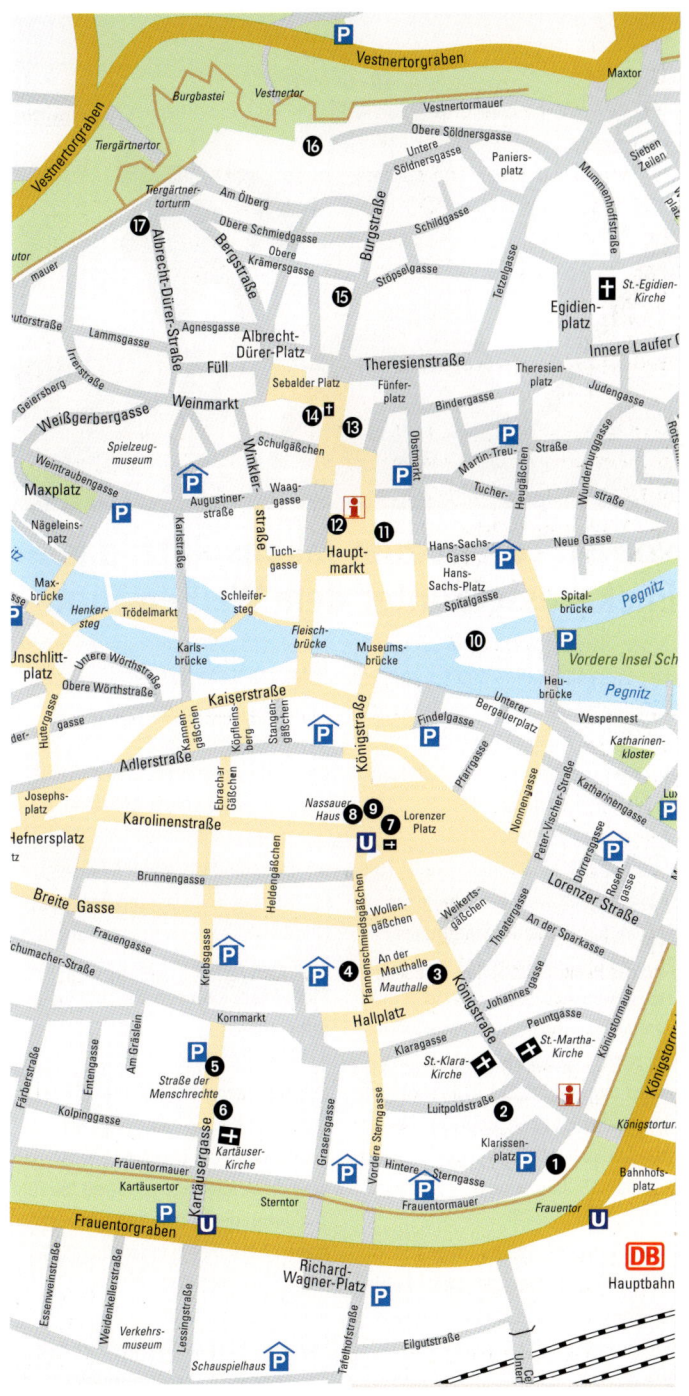

Von St. Lorenz zum Jakobsplatz: das Ehekarussell unter dem Weißen Turm

Diesen irrwitzig-witzigen Brunnen muss man gesehen haben: Inspiriert durch Poet Hans Sachs entstand ein zeitgenössischer Monumentalbrunnen, dessen Stationen drastisch-derb Freuden und Leiden der Ehe symbolisieren. Hinter dem Brunnen ragt der Weiße Turm empor, wo man die Elisabethkirche, den einzigen klassizistischen Sakralbau Nürnbergs, und die gotische Jakobskirche findet. Eine Tour zum alten Nürnberg wie zu Kunstwerken der Moderne.

Der um 1250 entstandene Weiße Turm gehört zu den wenigen erhaltenen Resten der vorletzten Stadtmauer. Zwei Rundtürme flankieren den Vorhof zum Jakobsplatz, über den die Straße vormals aus Nürnberg hinaus führte. Der namensgebende Kalkanstrich ist längst abgewittert. Die Reliefs mit dem Reichsadler und den Stadtwappen entstanden im 14., die Schlaguhr stammt aus dem 15. Jahrhundert.

Direkt vor dem altehrwürdigen Stadtturm steht seit 1984 der monumentale „Ehekarussell"-Brunnen – seinerzeit Auslöser heftiger Kontroversen. Der damalige Streit ist heute kaum noch verständlich, wenn man sieht, mit welcher Begeisterung Besucher Nürnbergs den vom Braunschweiger Bildhauer Jürgen Weber geschaffenen Monumentalbrunnen besichtigen und fotografieren.

Drastisch und derb sind die Szenen aus dem Eheleben allerdings schon: Die Erotik in der Ehe wird ebenso unverhüllt gezeigt wie der Streit bis zum Tod, wenn die halb verwesten Leichen zweier Alter miteinander ringen. Der

Bild oben: Hans Sachs tanzt über dem Ehekarussell vor dem Weißen Turm.

lachende Hans Sachs tanzt über einem Bock und einer Nymphe – was wohl ein Symbol dafür sein soll, dass der Eros das Fundament einer Ehe ist. Der Nürnberger Schuster-Poet hatte 1541 in seinem Gedicht „Das bittersüße ehlich Leben" Vorzüge und Schwächen seiner Ehefrau geschildert. Dieses Gedicht gibt die Motive vor, mit denen das Ehekarussell anschaulich Lust und Last der Ehe in verschiedenen Lebensstadien und -situationen zeigt. An einen berühmten Zeitgenossen des Schusters Hans Sachs erinnert der

Das süße Eheleben und seine bitteren Seiten spiegelt das Ehekarussell mit seinen monumentalen Figuren wider. Ein Gedicht des Nürnberger Schuster-Poeten Hans Sachs gab dafür die Anregung.

Tipps

Gastro-Tipp: Original Nürnberg – die älteste Bratwurstküche der Welt „Zum Guldenen Stern" (Zirkelschmiedsgasse) und das Restaurant „Zur Baumwolle" in der Adlerstraße.

Fan-Artikel: Diese Adresse ist ein „Muss" für die Anhänger des Fußball-Bundesligisten 1. FC Nürnberg: der Fan-Shop in der Ludwigstraße 46, gleich hinter dem Jakobsplatz.

Event: Wenn im Herbst der Mast eines Segelschiffs auf dem Jakobsplatz emporragt, sind wieder „Fischtage".

Pilgern: Die Jakobskirche ist eine Station des Fränkischen Jakobus-Pilgerwegs.

Ehekrieg bis in den Tod – eine der drastischen Szenen des Monumentalbrunnens.

Die gotische Jakobskirche ist außen eher unscheinbar, innen voller Meisterwerke.

1905 enthüllte Peter-Henlein-Brunnen auf dem nur wenige Schritte entfernten Hefnersplatz. Die dortige Brunnenfigur stellt den Nürnberger Schlosser Peter Henlein dar. Er gilt als der Erfinder der ersten Taschenuhr, die 48 Stunden lang zuverlässig lief. Das Peter Henlein oft zugeschriebene „Nürnberger Ei" wurde aber erst einige Zeit nach seinem Tod im Jahr 1542 konstruiert.

Beim Weißen Turm liegt der Jakobsplatz. Die namensgebende Jakobskirche, eine unscheinbare gotisch-altfränkische Kirche mit spitzem Turm und Steildach, zeigt in ihrem Inneren sehenswerte Sakralkunst. Besonders erwähnenswert: drei tönerne Apostel sowie Sandsteinfiguren des 14. Jahrhunderts, der Hauptaltar von 1360 (ältester Schreinaltar Nürnbergs), vier Tafelbilder von Dürers Lehrmeister Michael Wolgemut und die ältesten Tafelmalereien Nürnbergs. Die Holzfigur der „Anna Selbdritt" stammt von Veit Stoß oder aus seiner Werkstatt. Die eindrucksvollste Skulptur der Kirche, eine „Beweinung Christi", wurde um 1500 von einem heute unbekannten Nürnberger Holzschnitzer geschaffen.

An den Schlosser Peter Henlein (er gilt als Erfinder zuverlässiger Taschenuhren) erinnert der Peter-Henlein-Brunnen.

Die mächtige Kuppel der klassizistischen Elisabethkirche vor dem Weißen Turm.

Die benachbarte Elisabethkirche ist der einzige größere klassizistische Bau Nürnbergs. Der von einer Kuppel überwölbte Sakralbau entstand von 1789 bis 1800. Der Innenausbau des von Säulen umgebenen runden Zentralraums der Kirche erfolgte 1902.

An den Jakobsplatz schließen sich die Mostgasse und die Schlehengasse an. Hier liegen die am besten erhaltenen Wohnhäuser des Viertels mit Fachwerk oder Sandsteinfassaden, Erkern und Giebeln. Sehenswerte Bauten findet man auch in der Zirkelschmiedsgasse und in der Ludwigstraße. Vom Jakobs-

Hausfassaden in der Schlehengasse.

Blick auf Sebalduskirche und Burg beim Kriegerdenkmal am Köpfleinsberg.

platz aus wäre es nicht mehr weit zu Spittlertorturm und Ludwigstor. Zwei Stationen auf dem Weg zum oder vom Jakobsplatz sind erwähnenswert. Das Kriegerdenkmal bei der Adlerstraße wurde 1876 im Stil des Kaiserreichs errichtet. In der Karolinenstraße wurde 1979 Henry Moores „Großer Totemkopf" bei der Lorenzkirche aufgestellt.

Die lorbeergekränzte Victoria des Kriegerdenkmals am Köpfleinsberg.

Sehenswert

❶ Kriegerdenkmal am Köpfleinsberg, Blick auf Sebalduskirche und Burg

❷ Peter-Henlein-Brunnen auf dem Hefnersplatz, Bronzestatue von 1905

❸ Ehekarussell: Monumentalbrunnen von Jürgen Weber, europaweit größter Figurenbrunnen des 20. Jahrhunderts

❹ Weißer Turm: ein Stadtmauerturm von 1520

❺ St.-Elisabeth-Kirche: der einzige größere Klassizismusbau Nürnbergs

❻ St. Jakob: gotische Kirche, im Inneren bedeutende Kunstwerke

❼ Schlehengasse und Mostgasse: jeweils sehenswerte Altstadthäuser

❽ „Großer Totemkopf": Skulptur von Henry Moore in der Karolinenstraße

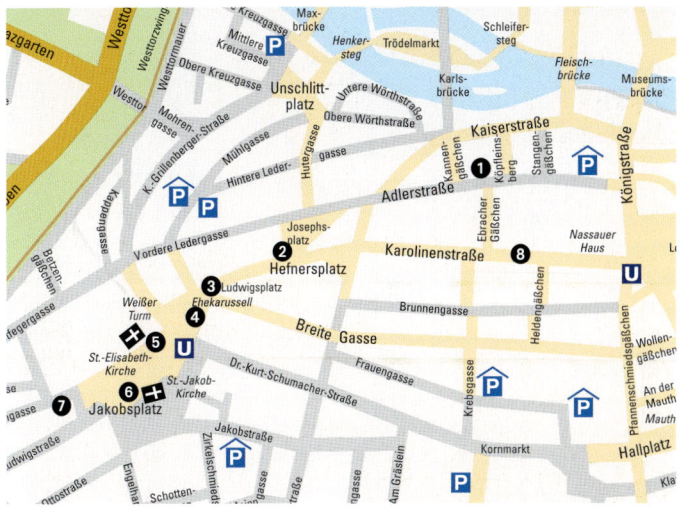

Ihr Weg zu Fuß

Ziel: „Das Ehekarussell" am Weißen Turm muss man gesehen haben

Zeit: Höchstens eine Stunde

Von der Lorenzkirche hinunter in Richtung Museumsbrücke biegt man schon nach wenigen Schritten nach links in die Adlerstraße ein. Dort lohnt sich der Halt beim ❶ Kriegerdenkmal beim Köpfleinsberg, von wo aus man einen weiten Blick über die Sebalduskirche und die Burg genießt. Man folgt nun der Adlerstraße bis zum Josephsplatz, wo eine schmale Gasse erneut nach links zum Hefnersplatz und damit zum ❷ Peter-Henlein-Brunnen führt.

Vom Brunnen geht es geradeaus über den Ludwigsplatz zum ❸ Ehekarussell vor dem ❹ Weißen Turm. Beim Turm liegen die ❺ Kirche St. Elisabeth und die äußerlich unscheinbare, gotisch-altfränkische ❻ St.-Jakobs-Kirche.

Auch der Weg über den Jakobsplatz lohnt, falls man in der westlich angrenzenden ❼ Schlehengasse einen Blick auf die typisch fränkischen Fachwerkhäuser werfen will. Der Rückweg vom Jakobsplatz führt am Weißen Turm vorbei über den Ludwigsplatz, den Hefnersplatz und die Karolinenstraße vorbei an Henry Moores Skulptur ❽ „Großer Totemkopf" zur Lorenzkirche.

Vor der Lorenzkirche: der „Große Totemkopf" des Bildhauers Henry Moore.

Zwar dominieren Dürer und Burg, Christkindlesmarkt, Bratwurst und Lebkuchen das Bild, das sich Besucher von Nürnberg machen. Spannende Themen gibt es jedoch noch einige mehr: die Museumslandschaft, die Kunst des goldenen Nürnberg, die einzigartige Stadtmauer, das historische Grün und die Auseinandersetzung mit dem „Dritten Reich" und seinen Folgen.

Vom Germanischen Nationalmuseum, von Spielzeug und neuem Design

Das Germanische Nationalmuseum ist das größte kulturhistorische Museum Deutschlands und weit über die Grenzen Deutschlands hinaus bekannt. Doch die Nürnberger Museumslandschaft hat noch etliche weitere international beachtete Ausstellungsorte und Gedenkstätten zu bieten: das Spielzeugmuseum und das Albrecht-Dürer-Haus, das älteste Eisenbahnmuseum Deutschlands und die Kaiserburg. Mit dem Dokumentationszentrum Reichsparteitagsgelände und dem Neuen Museum kamen in jüngerer Zeit weitere Höhepunkte dazu. Doch diese Museen und Gedenkstätten sind nur die Spitze – über 30 weitere Einrichtungen sind einen Besuch wert.

Mit seiner Museumsvielfalt hat Nürnberg ein beneidenswertes Problem: Alle Einrichtungen angemessen aufzuführen, würde nicht nur jeden Zeitungs- und Zeitschriftenbeitrag sprengen, sondern auch jeden halbwegs übersichtlichen Reiseführer. Als ein Journalist einer überregionalen süddeutschen Zeitung die Museumslandschaft in Nürnberg vorzustellen versuchte, tat er das, was eigentlich alle tun: Er hob die wichtigsten Einrichtungen hervor – die aber eigentlich ohnehin schon viele kennen.

Freilich: Wie soll man auch anders umgehen mit einer Stadt, die einerseits Museumsklassiker zu bieten hat wie das Germanische Nationalmuseum, das Spielzeugmuseum, das älteste Eisenbahnmuseum Deutschlands oder die Gedenkstätte für Superstar Albrecht Dürer? Und die andererseits mit dem Dokumentationszentrum auf dem ehemaligen Reichsparteitagsge-

Bild oben: Im lichtdurchfluteten Foyer des Germanischen Nationalmuseums.

lände wie mit dem Neuen Museum für Kunst und Design der Moderne im Rampenlicht der Medien steht?

Am besten macht man es wie Karl Valentin und beginnt mit dem Anfang. Und der Anfang war und ist nun mal das Germanische Nationalmuseum: Weil es Hans Freiherr von Aufseß bereits 1852 gründete – und weil es das größte kunst- und kulturgeschichtliche Museum im deutschsprachigen Raum und eines der bedeutendsten weltweit

Einer der beiden Kreuzgänge des ehemaligen Kartäuserklosters, das der bauliche Kern des mehrfach erweiterten Germanischen Nationalmuseums mit seinen heute 50 000 Quadratmetern Ausstellungsfläche ist.

Unter den rund 20 000 Exponaten des Museums finden die Besucher mehrere Werke Dürers – so das Porträt seines Lehrmeisters Michael Wolgemut. Die Kunst der Nürnberger Goldschmiede um 1500 belegt das „Schlüsselfelder Schiff".

Das Dokumentationszentrum im Kopfbau der Kongresshalle des ehemaligen Reichsparteitagsgeländes konfrontiert mit der NS-Zeit und ihren schrecklichen Folgen.

ist. Weit mehr als eine Million Kunstwerke und Instrumente, Münzen, Schriften und Drucke, Waffen, Möbel, Grabungsfunde, Goldschmiedearbeiten, Glasgemälde oder Gartenfiguren und vieles mehr wurde hier zusammengetragen. Heute kann man rund 20 000 Exponate in den auf 50 000 Quadratmetern Fläche verteilten Ausstellungen bestaunen.

Das Wort „bestaunen" ist mit Bedacht gewählt. Exponate wie der „Goldkegel von Etzelsdorf" (acht bis zehn Jahrhunderte vor Christus entstanden), das „Schlüsselfelder Schiff" (eine um 1500 in Nürnberg entstandene Goldschmiedearbeit), die älteste Taschenuhr der Welt (vom Nürnberger Peter Henlein) und der weltweit älteste erhaltene Globus des Martin Behaim

(1492 bis 1494 als Gemeinschaftswerk von Nürnberger Humanisten, Künstlern und Handwerkern entstanden) haben Weltrang. Gleiches gilt für die Gemälde und Plastiken, deren Schöpfer Albrecht Dürer, Rembrandt, Tilman Riemenschneider, Veit Stoß oder Adam Kraft, Albrecht Altdorfer oder Cranach heißen. „Der arme Poet" Carl Spitzwegs ist hier ebenso vertreten wie Gemälde deutscher Expressionisten. Vom ursprünglichen Gründungsauftrag – nämlich deutsche Geschichte, Literatur und Kunst bis zum Jahr 1650 zu dokumentieren und zu erforschen – hat sich das „GNM", wie man in Nürnberg das Museumsjuwel abkürzt, längst verabschiedet.

Die Architektur des Germanischen Nationalmuseums ist sehenswerter Teil des Ganzen. Nach wie vor ist das ehemalige Kartäuserkloster mit der früheren Kirche, zwei Kreuzgängen, den drei Mönchshäusern und dem Refektorium der bauliche Kern dieses Museums. Funktionale Erweiterungs-

Schon von außen Design: die spektakuläre Glasfassade des Neuen Museums.

bauten aus den Jahren 1902, 1920 und 1956 kamen mit dem Wachstum des Museums hinzu. Ein großer architektonischer Wurf gelang dem GNM 1993 mit dem Neubau der lichtdurchfluteten Eingangshalle, deren Wirkung die Verbindung mit der davor liegenden Straße der Menschenrechte noch eine optische Steigerung erfährt.

Germanisches Nationalmuseum
Kartäusergasse 1, 90402 Nürnberg
Telefon 09 11/13 31-0
E-Mail info@gnm.de
www.gnm.de
Di – So 10 – 18 Uhr, Mi – 21 Uhr,
(Mi ab 18 Uhr kostenloser Eintritt)
feiertags jeweils Sonderregelung
Infos zu Gruppenführungen:
Telefon 09 11/13 31-2 38
ÖPNV: U1 (Lorenzkirche), U2 (Opernhaus). Vom/zum Hauptbahnhof sind es nur ein paar Gehminuten.

Überhaupt hatten die Nürnberger Museen in der jüngeren Zeit bei der Wahl ihrer Architekten eine glückliche Hand. So sehr, dass die geschwungene Glasfassade des Neuen Museums des durch ihre Planung zur Berühmtheit aufgestiegenen Architekten Volker Staab den Exponaten (zumindest was das Medieninteresse betrifft) die Schau zu stehlen droht. Dabei zeigt das „Staatliche Museum für Kunst und Design" immerhin zeitgenössische Kunst von Joseph Beuys und Georg Baselitz sowie avantgardistisches Design wie beispielsweise den Volkswagenkäfer Ferdinand Porsches.

Neues Museum
Staatliches Museum
für Kunst und Design in Nürnberg
Klarissenplatz, 90402 Nürnberg
Telefon 09 11/24 02 69 (Kasse)
www.nmn.de
Di – Fr 10 – 20 Uhr, Sa und So
10 – 18 Uhr. Sonntags kostet der Eintritt in die Sammlungen nur einen Euro.
ÖPNV: U1/U2 (Hauptbahnhof), nur ein paar Schritte vom/zum Hauptbahnhof

Ein Klassiker: das Spielzeugmuseum in Nürnberg, früher „Stadt des Spielzeugs", heute Standort der Spielwarenmesse.

Viel Lob erntete auch die Planung des Grazer Architekten Günther Domenig für den Bau des Dokumentationszentrums Reichsparteitagsgelände: Ein Pfahl aus Stahl und Glas durchdringt die Bausubstanz der kolossalen Kongresshalle aus der NS-Ära. Doch hier gelten die Schlagzeilen der Medien vorwiegend der international beachteten Konzeption der Dauerausstellung „Faszination und Gewalt", die sich mit der Ursache sowie den Auswirkungen dieser Zeit auseinandersetzt.

Dokumentationszentrum
Reichsparteitagsgelände
Bayernstraße 110, 90471 Nürnberg
Telefon 09 11/2 31-56 66
www.museen.nuernberg.de
Mo – Fr 9 – 18 Uhr, Sa/So 10 – 18 Uhr
ÖPNV: Straßenbahnlinie 9, Bus 36, 55 und 65 (jeweils Doku-Zentrum), S-Bahn 2 (Dutzendteich)

Der Gerichtssaal 600 des Landgerichts Nürnberg-Fürth erlangte weltweite Bekanntheit als Schauplatz der Nürnberger Prozesse. 1945 und 1946 standen hier 21 führende Vertreter des NS-Regimes als Hauptkriegsverbrecher elf Monate lang vor Gericht. Die „Nürnberger Prozesse" wurden zu einem internationalen Medienspektakel und ihr Ergebnis zu einem Meilenstein des Völkerrechts. Als neue Informations- und Dokumentationsstätte dokumentiert das „Memorium Nürnberger Prozesse" die Vorgeschichte, den Verlauf und die Nachwirkungen der Nürnberger Prozesse. Der Schwurgerichtssaal kann ausschließlich an verhandlungsfreien Tagen betreten werden, ansonsten erlauben verglaste Wandöffnungen einen Blick in den Saal.

Memorium Nürnberger Prozesse
Bärenschanzstraße 72, 90429 Nürnberg
Telefon 09 11/2 31-66 89
www.museen.nuernberg.de
Mi – Mo 10 – 18 Uhr
ÖPNV: U1 (Bärenschanze)

Mit der Geschichte der Stadt sind auch die Klassiker unter den Nürnberger Museen verbunden. Das Spielzeugmuseum wurzelt auf der Bedeutung Nürnbergs als Standort der Spielwarenherstellung seit dem Mittelalter („Nürnberger Tand geht in alle Land") sowie der Spielwarenmesse (die gibt es seit 1950). Es zeigt auf seinen 1400 Quadratmetern Ausstellungsfläche Puppen und Kaufläden, Zinnfiguren, Holz- und Blechspielzeug, Modelleisenbahnen, Spielzeug von Schuco und Steiff sowie Spielzeug des Plastikzeitalters – von Lego über Playmobil bis zu Barbie-Puppen.

Spielzeugmuseum der Stadt Nürnberg
Karlstraße 13 – 15, 90403 Nürnberg
Telefon 09 11/2 31-31 64
www.museen.nuernberg.de
Di – Fr 10 – 17 Uhr, Sa/So 10 – 18 Uhr
Während des Christkindlesmarkts ist das Museum auch an Montagen von 10 bis 17 Uhr geöffnet, zur Spielwarenmesse sogar täglich von 10 bis 20 Uhr.
ÖPNV: U1/U11 (Lorenzkirche), Bus 36 (Weintraubengasse oder Hauptmarkt)

Das älteste Eisenbahnmuseum Deutschlands wurde 1899 in Nürnberg gegründet. Heute heißt es „DB Museum".

Die Eisenbahn im Originalformat zeigt das „DB Museum" im Verkehrsmuseum – passend zur Rolle Nürnbergs in der Eisenbahngeschichte. Ein Nachbau des „Adler" von 1835, der Lokomotive der ersten deutschen Eisenbahnstrecke zwischen Nürnberg und Fürth, erinnert an die Anfänge des Schienenverkehrs. Historische Originalloks und Wagen, darunter der blaue Salonwagen König Ludwigs II. von Bayern, der Salonwagen Reichskanzler Bismarcks oder der erste bayerische Postomnibus, sind ebenso zu sehen wie die weltweit größte Sammlung von Eisenbahnmodellen und eine Modelleisenbahnanlage mit 500 Metern Gleisen und 30 Zügen. Die zweite „Schiene" im Museumsbau in der Lessingstraße ist das Museum für Kommunikation. Es zeigt die Historie der Post und der Nachrichtenübermittlung, des Reisens,

Das „Museum Industriekultur" erklärt die Bedeutung der Industriestadt Nürnberg.

der Telefonie sowie der Briefmarke bis in die Gegenwart.
DB Museum
Deutsche Bahn AG
Lessingstraße 6, 90443 Nürnberg
Telefon 01 80/4 44-22 33
www.dbmuseum.de
Di – So 9 – 17 Uhr (während der Spiel-warenmesse und im Advent auch an den Montagen). Das Freigelände ist von April bis Oktober geöffnet.
ÖPNV: U2 (Opernhaus)

Das Museum für Kommunikation, das „zweite Standbein" des früheren Ver-kehrsmuseums, findet man im zweiten Obergeschoss des Gebäudes an der Lessingstraße.
Museum für Kommunikation Nürnberg
Lessingstraße 6, 90443 Nürnberg
Telefon 09 11/2 30 88 85
www.museumsstiftung.de
Di – So 9 – 17 Uhr

Die Geschichte der Industrialisierung in Nürnberg zeigt das „Museum Industriekultur", das gemeinsam mit dem Motorrad- und dem Schul-museum in einer Schraubenfabrik der 1920er Jahre untergebracht ist. Opas Arbeitsalltag wird wieder lebendig – und man sieht, wo und wie die Oma eingekauft hat. Die „Museumsmaus" lädt Kids zum Experimentieren ein.
Museum Industriekultur
Äußere Sulzbacher Straße 62,
90491 Nürnberg
Telefon 09 11/2 31-38 75
www.museen.nuernberg.de
Di – Fr 9 – 17 Uhr, Sa/So 10 – 18 Uhr
ÖPNV: Straßenbahn 8 (Tafelwerk)

Dürer und seine Zeit werden wieder lebendig – jedenfalls beim Besuch des Albrecht-Dürer-Hauses, wo der Maler wohnte und arbeitete. Die Multivisions-Schau „Albertus Durer Noricus" er-klärt auf ganz neue Weise das Werk Dürers, in der Mal- und Druckwerkstatt bekommt man die Techniken der Dürer-Zeit gezeigt, und per Kopfhörer erzählt Dürers Ehefrau Agnes bei einem Rundgang durch das Haus vom Alltag mit dem Künstler.

Albrecht-Dürer-Haus
Albrecht-Dürer-Straße 39,
90403 Nürnberg
Telefon 09 11/2 31-25 68
www.museen.nuernberg.de
Di – So 10 – 17 Uhr, Do bis 20 Uhr
In den Monaten Juli bis September sowie zum Christkindlesmarkt ist hier auch an den Montagen (von 10 – 17 Uhr) geöffnet.
ÖPNV: Straßenbahn 4 (Tiergärtnertor), Bus 36 (Weintraubengasse)

Natürlich kann man die Kaiserburg jederzeit besichtigen – aber nur von außen. In die beiden Höfe der Kaiserpfalz und in ihre Gebäude kommt man nur zu den Öffnungszeiten. Dann kann man im Palas die kaiserlichen Wohn- und Repräsentationsräume sehen oder die romanische Doppelkapelle bestaunen.

Burgverwaltung Nürnberg
Auf der Burg 13, 90403 Nürnberg
Telefon 09 11/24 46 59-0
www.schloesser.bayern.de
April – September, täglich 9 – 18 Uhr,
Oktober – März, täglich 10 – 16 Uhr
ÖPNV: Straßenbahn 4 (Tiergärtnertor), Bus 36 (Burgstraße)

Im Kaiserburg-Museum (eine Zweigstelle des Germanischen Nationalmuseums) erfährt man mehr über die Burg und über die Wehr- und Waffentechnik seit dem Mittelalter.

Kaiserburg-Museum
Auf der Burg, 90403 Nürnberg
Telefon 09 11/2 00 95 40
Öffnungszeiten/ÖPNV: wie die Burg

Tipps

Broschüre: „sehenswert" heißt die informative Broschüre mit allen Sehenswürdigkeiten und Museen Nürnbergs inklusive Informationen zu Öffnungszeiten und Eintrittspreisen sowie einen Stadtplan. Man erhält sie gratis bei der „Tourist Information" in der Königstraße und am Hauptmarkt.

Nahverkehr: Mit U-Bahn oder S-Bahn, Bus oder Straßenbahn kommt man immer und überall bequem zu allen Museen und Gedenkstätten.

Lesen: „Faszination und Gewalt" heißt das Begleitheft zur gleichnamigen Dauerausstellung im Dokumentationszentrum Reichsparteitagsgelände. Das Wort „Heft" ist eher Understatement, denn dieses Bändchen ist eigentlich ein kleines Geschichtsbuch. Erhältlich ist es im Doku-Zentrum oder bei den beiden Tourist Informationen.

Gastronomie: Das „Café la Kritz" im Spielzeugmuseum liegt im lauschigen Innenhof. Im liebevoll gestalteten Garten gibt es Kuchen und stärkenden Imbiss für ermattete Eltern, deren Kinder sich im neu gestalteten Außenbereich des Hauses verausgaben. Das Café ist nicht nur ein Angebot für Museumsgäste, auch ohne Eintrittskarte ist man herzlich willkommen. Infos unter: www.cafelakritz.de

Virtuelle Stadtführung: „Noricama" ist die multimediale Show im Fembohaus, bei der berühmte Nürnberger wie Dürer und Hans Sachs ihre Stadt vorstellen.

Außen und innen ein Juwel ist das Stadtmuseum Fembohaus beim Rathaus.

Sein Besitzer gab dem Fembohaus, einer Mischung aus Spätrenaissance und Barock, den Namen. Zwischen Rathaus und Burg ist dort ein Stadtmuseum vom Feinsten entstanden. 26 Räume führen durch über 950 Jahre Nürnberg. Gut gemacht: Das große Stadtmodell Nürnbergs, das mit Licht und Ton die wichtigsten Bauten der Stadt erklärt. Wer möglichst schnell möglichst viel über Nürnberg wissen will, lässt sich von Prominenten wie Hans Sachs und Albrecht Dürer per Dia- und Videoprojektion zu den schönsten Sehenswürdigkeiten leiten. Die Nürnberger Multivisions-Show „Noricama" glänzt mit Technik und Witz.

Stadtmuseum Fembohaus
Burgstraße 15, 90403 Nürnberg
Telefon 09 11/2 31-25 95
www.museen.nuernberg.de
Di – Fr 10 – 17 Uhr, Sa/So 10 – 18 Uhr
ÖPNV: Bus 36 (Burgstraße)

Man wusste zu leben: Den Lebensstil und die weit gespannten Handelsbeziehungen des reichen Nürnbergs der Renaissance zeigt das „Museum Tucherschloss". Dieses Stadtschloss wird zur Bühne, die perfekt in Szene gesetzten Räume zum Bühnenbild. Im benachbarten Hirsvogelsaal erlebt man einen der schönsten Renaissance-Innenräume Deutschlands. Die Wandverkleidung schuf Peter Flötner, ein Nürnberger „Raumkünstler" der Frühen Neuzeit, das Deckengemälde ein Schüler Dürers. Bei Schauspielerführungen zeigt Schlossherrin Katharina Tucher ihr „Sommerhaus". Das Tucherschloss liegt nur wenige Gehminuten vom Hauptmarkt entfernt.

Museum Tucherschloss
mit Hirsvogelsaal
Hirschelgasse 9 – 11, 90403 Nürnberg
Telefon 09 11/2 31-83 55
www.museen.nuernberg.de
Mo 10 – 15 Uhr, Do 13 – 17 Uhr,
So 10 – 17 Uhr
ÖPNV: U2 (Rathenauplatz),
Bus 36 (Innerer Laufer Platz)

Noch mehr sehen?

Es ist unmöglich, in diesem Rahmen alle Museen und Gedenkstätten ausführlich vorzustellen. Hier deshalb in aller Kürze Informationen zu weiteren Nürnberger Einrichtungen.

Historisches Museumstheater

Kein Bauwerk, sondern ein Erlebnis mit Theaterstücken um Nürnbergs Geschichte beim Gang durch die Altstadt.
Info-Telefon 09 11/23 36-1 32
www.museen.nuernberg.de

Kunsthalle Nürnberg

Einzelausstellungen zur Gegenwartskunst mit jährlich vier bis fünf Schauen.
Lorenzer Straße 32, 90402 Nürnberg
Telefon 09 11/2 31-28 53
www.kunsthalle.nuernberg.de
Di – So 10 – 18 Uhr, Mi 10 – 20 Uhr

Das unterirdische Nürnberg

In weitläufigen Stollen und Gewölben im Burgberg wurde seit 1380 Bier gelagert. Später schützten sich hier die Nürnberger vor den Bombenangriffen. Täglich Führung in den „Felsengängen" ab Dürer-Denkmal (11, 13, 15, 17 Uhr).

24 Meter tief im Burgberg lagerten im Zweiten Weltkrieg die wertvollsten Nürnberger Kunstschätze. Eine Führung durch den „Historischen Kunstbunker" im Burgberg gibt es täglich um 14 Uhr (Treffpunkt: Brauereiladen im Altstadthof, Bergstraße 19)

Kasematten (verdeckte Wehrgänge in den Nürnberger Basteien) und die mittelalterlichen Felsengänge der „Loch-wasserleitung" sind das Thema einer Führung, die von April bis Oktober täglich um 15.30 Uhr angeboten wird. Für maximal zwölf Personen Angeboten werden die Führungen vom Förderverein Nürnberger Felsengänge
Bergstraße 19, 90403 Nürnberg
Telefon 09 11/22 70 66
www.felsengaenge.nuernberg.de
Bitte beachten: Führungen für Gruppen gibt es nur nach Anmeldung.

Historische Lochgefängnisse

Im Kellergewölbe des Alten Rathauses befinden sich die Lochgefängnisse, in denen die Delinquenten aufs Verhör und auf die Folter warteten. Auch Veit Stoß saß hier ein, bevor ihn der Henker brandmarkte. Eine Führung dauert rund 20 Minuten. (Bitte beachten Sie die unterschiedlichen Öffnungszeiten.)
Altes Rathaus
Rathausplatz 2, 90403 Nürnberg
Telefon 09 11/2 31-26 90
www.museen.nuernberg.de

Naturhistorisches Museum Nürnberg

Völkerkunde der Südsee, der Sahara und Sibiriens, sowohl Archäologie als auch Geologie, Naturkunde sowie die Höhlenforschung sind hier Themen.
Norishalle
Marientorgraben 8, 90402 Nürnberg
Telefon 09 11/22 79 70
So – Do 10 – 17 Uhr, Fr 10 – 21 Uhr

Historisches Straßenbahndepot St. Peter

Im historischen Straßenbahndepot zeigt man die Geschichte der Straßenbahn von 1881 bis zur Gegenwart – im Modell und in Originalgröße. Beliebt: die regelmäßigen Rundfahrten mit der

historischen Straßenbahn, spezielle Oldtimer-Fahrten und das Straßenbahn-Café.
Schloßstraße 1, 90478 Nürnberg
Telefon 09 11/2 83-46 54
www.vag.de
Geöffnet jeweils am ersten Wochenende im Monat von 10 – 17.30 Uhr.

Uhrensammlung Karl Gebhardt

Tausend Exponate dokumentieren die Entwicklung der tragbaren Uhr von Peter Henlein über das „Nürnberger Ei" bis zum Modell neuester Technik. Das Haus beherbergt die Zentralbibliothek der Deutschen Gesellschaft für Chronometrie – es ist damit das „Schlagwerk" der „Uhrenstraße der süddeutschen Meister" von Würzburg über Nürnberg bis nach Augsburg und Friedberg.
Nürnberger Akademie
Gewerbemuseumsplatz 2,
90403 Nürnberg
Telefon 09 11/5 43-47 63
Mo – So 8 – 20 Uhr

Schloss Neunhof

Einer der besterhaltenen Herrensitze um Nürnberg: Wehranlagen, Badehaus, Wirtschaftsgebäude und ein wiederhergestellter Barockgarten sind zu sehen.
Neunhofer Schlossplatz 2,
90427 Nürnberg
Telefon 09 11/13 31-2 38
Von Ostersamstag bis Ende September: Sa, So und Feiertage 10 – 17 Uhr.
(In den Wintermonaten geschlossen.)

Turm der Sinne

Ein Museum zum „Be-greifen" der Sinne: Es geht um Augen, Ohren, Nase, Hände und Mund und um die mit den fünf Sinnen verbundenen naturwissenschaftlichen Phänomene der Wahrnehmung.
Mohrenturm am Westtor
Spittlertormauer 17, 90402 Nürnberg
Telefon 09 11/9 44 32 81
www.turmdersinne.de
Di – Fr 13 – 17 Uhr, Sa/So 11 – 17 Uhr

Taubenmuseum

Über 40 000 Exponate zu Rassetauben, Rassegeflügel und Brieftauben bis hin zu Porzellanfiguren und Briefmarken.
Schießplatzstraße 40, 90469 Nürnberg
Telefon 09 11/48 35 10
www.taubenmuseum.de
Öffnungszeiten jeweils erfragen

Laubenmuseum

In einer Kleingartenanlage: liebevoll sanierte Gartenlauben aus der Zeit zwischen 1920 und 1930.
Karwendelstraße 30, 90471 Nürnberg
Telefon 09 11/59 11 50
Mai bis Oktober (So 13 – 16 Uhr)

Rotkreuz-Museum

Das Rote Kreuz von der Gründung bis heute – die umfangreichste deutsche Sammlung zu diesem Verband und seinen Aktivitäten.
Sulzbacher Straße 42, 90489 Nürnberg
Telefon 09 11/53 01-263
www.rotkreuz-museum-nuernberg.de
Termine auf Anfrage

Krankenhausmuseum

Ein Museum in einer komplett erhaltenen Apotheke von 1897. Nürnberger Gesundheitswesen seit dem Mittelalter und hundert Jahre Arzneiherstellung.

Klinikum Nürnberg Nord
Haus 1, Prof.-Ernst-Nathan-Straße 1,
90419 Nürnberg
Telefon 09 11/3 98-71 77/-27 52
So 14 – 18 Uhr und nach Vereinbarung

Feuerwehrmuseum

Von der Wasserleitung von 1342 über
Handdruckspritzen bis zu Uniformen
ab 1875 – klein, aber fein.
Feuerwache 3
Jakobsplatz 20, 90402 Nürnberg
Telefon 09 11/2 31-64 00
Erster Samstag im Monat (13 – 17 Uhr),
bei Gruppen Voranmeldung

Kinder- und Jugendmuseum

Ein Spiel- und Lernort für Kinder und
Familien auf dem Schlachthofgelände.
Museum im Koffer e.V.
Michael-Ende-Str. 17, 90439 Nürnberg
Telefon 09 11/6 00 04-0
www.kindermuseum-nuernberg.de
Sa 14 – 17.30 Uhr, So ab 10 Uhr
Juli, August, Weihnachten geschlossen

Friedensmuseum

Die über hundertjährige Geschichte
des Pazifismus und die Arbeit der
Friedensbewegung in Nürnberg seit
1945. Mit Dauerausstellung, Wechselausstellungen und Rahmenprogramm.
Kaulbachstraße 2, 90408 Nürnberg
Telefon 09 11/3 60 95 77
www.friedensmuseum.odn.de
Mo 17 – 19 Uhr, Mi 15 – 17 Uhr und
jeden 1. Samstag im Monat 15 – 17
Uhr oder nach Vereinbarung

Bibel-Erlebnis-Haus Nürnberg

Die Bibel live erleben – im Nomaden-
zelt, multimedial oder am Computer.
Lorenzer Platz 10a, 90402 Nürnberg
Telefon 09 11/2 41 81 87
www.bibel-erlebnis-haus.de
Mo – Fr 10 – 17 Uhr, Sa 11 – 17 Uhr
So und Feiertage geschlossen

Kunsthaus Nürnberg

Das Kunsthaus bietet jährlich mehrere
Wechselausstellungen mit einem breiten
Spektrum deutscher und internationaler
Kunst an.
Königstraße 93, 90402 Nürnberg
Telefon 09 11/2 31-1 46 78
www.kunsthaus-nuernberg.de
Di – So 10 – 18 Uhr, Mi 10 – 20 Uhr

Hutmuseum

Seit 1879 fertigte die Firma Brömme
ihre Hüte – jetzt zeigt hier das kleinste
Museum Nürnbergs eine komplette
Hutmacherwerkstatt im über 200
Jahre alten Gewölbe.
Innere Laufer Gasse 33, 90403 Nürnberg
Telefon 09 11/22 63 65
www.hutmuseum-nuernberg.de
Führungen bitte vorher anmelden.

Garnisonmuseum Nürnberg

Deutsche sowie regionale Militär-
geschichte findet man im ehemaligen
Luftschutzbunker Hohe Marter.
Zweibrückener Straße 54,
90441 Nürnberg
Telefon 09 11/6 49 11 59
www.garnisonmuseum.de
Führungen jeden zweiten Samstag in
ungeraden Monaten um 10 Uhr und
13.30 Uhr. Führungen von Gruppen ab
fünf Personen jederzeit nach Absprache.
Es werden auch Stadtrundgänge und
-fahrten speziell mit militärgeschichtli-
chem Hintergrund angeboten.

Adam Kraft, Veit Stoß, Peter Vischer: die große Zeit der Bildhauerkunst

Im Nürnberg um das Jahr 1500 kam zum Reichtum der Stadt die Blüte der Kunst. Während neben dem Genie Albrecht Dürers jede Malerei verblasst, stehen drei Namen für die große Zeit der Bildhauerei und der Erzgießkunst: Adam Kraft, Veit Stoß und Peter Vischer d. Ä. Jeder von ihnen schuf ein weltberühmtes Werk, das ihre Namen unsterblich werden ließ – das Sakramentshaus und den Englischen Gruß in der Kirche St. Lorenz sowie das Sebaldusgrab in der Kirche St. Sebald.

Wegen seines Reichtums war Nürnberg um 1500 neben Augsburg und Köln eine der führenden Städte Deutschlands. Und wo Reichtum war, waren auch Künstler. Doch neben dem Geld spielte der Glaube bei der künstlerischen Blüte Nürnbergs eine entscheidende Rolle.

1477 gelang es der Stadt, die beiden Stadtpfarreien von St. Lorenz und St. Sebald von der römischen Kurie zu Hauptpfarreien erheben zu lassen. In der Folge stifteten reiche Bürger und Patrizier viele Kunstwerke. Der Engelsgruß (meist Englischer Gruß

genannt) von Veit Stoß in der Lorenzkirche war zum Beispiel eine Stiftung des „Vordersten Losungers" Anton II. Tucher, des höchsten und einflussreichsten Amtsträgers der Stadt.

Veit Stoß lebte von 1473 bis 1477 und nach seiner Zeit in Krakau erneut von 1496 bis zum Tod (1533) in Nürnberg. Das Leben des gebürtigen Schwaben war seit seiner Brandmarkung wegen eines Betrugsdelikts im Jahr 1503 vom

Bild oben: Am Sakramentshaus der Lorenzkirche „verewigte" sich Adam Kraft.

Den Englischen Gruß in der Lorenzkirche schnitzte Veit Stoß von 1517 bis 1518.

Unglück überschattet, als er von 1517 bis 1518 als circa 70-Jähriger den Auftrag Tuchers für den spätgotischen Englischen Gruß bewältigte. Sein fast vier Meter hoher, aus Lindenholz geschnitzter und 800 Kilogramm schwerer Kranz mit 50 vergoldeten Rosen umrahmt die Begegnung der Jungfrau Maria mit dem Erzengel Gabriel.

Nach der Einführung der Reformation in Nürnberg (1524/25) blieb das heute weltberühmte Kunstwerk des Veit Stoß lange verhüllt. Man wollte – so der Hauptprediger der Lorenzkirche – die „güldene Grasmagd" nicht mehr sehen. Die ständige Verhüllung rührt insbesondere daher, dass die Heiligenfeiertage abgeschafft waren und so kein Anlass mehr für das Aufdecken bestand. Den Zweiten Weltkrieg überdauerte das Kunstwerk im Bunker unter dem Burgberg. Seit 1949

Tipps

Museum: Werke von Veit Stoß, Adam Kraft und Peter Vischer d. Ä. findet man im Germanischen Nationalmuseum.

Buch: Wunderbar beschrieben hat Herbert Bauer das Sebaldusgrab von Peter Vischer d.Ä. in dem Bildband „Freche Putten, verführerische Frauen, wilde Männer – Entdeckungen am Sebaldusgrab". Erhältlich direkt in der Sebalduskirche oder im Buchhandel.

Kunstbunker: Im Kunstbunker im Burgberg „überlebte" der Englische Gruß von Stoß unter 24 Metern Fels. Infos zu Führungen: Telefon 09 11/22 70 66.

Führungen: „Ein unruhiger heilloser Bürger" ist eine Führung auf Spuren des unglücklichen Bildhauers Veit Stoß und Adam Krafts. Angeboten wird sie vom Verein „Geschichte Für Alle". Infos unter www.geschichte-fuer-alle.de oder Telefon 09 11/3 07 36-0.

Auch am Schreyer-Landauer`schen Grab-mal an der Sebalduskirche hat sich Kraft wohl selbst dargestellt (im Bild links).

hängt der Englische Gruß wieder im Chorbogen der Lorenzkirche. 1970/71 arbeiteten 15 Experten aus drei Län-dern 19 Monate lang an der Restau-rierung. Ein Kruzifix von Veit Stoß (von 1520) ziert heute den Hauptaltar.

Auch in der Sebalduskirche hat Stoß Kunstwerke hinterlassen: 1499 schuf er die „Volckamer'sche Passion" im Ostchor (Holzfiguren des Schmerzens-mannes, der Schmerzensmutter und ein Triptychon mit Steinreliefs). 1505 schnitzte Stoß seine Figur des heiligen Andreas (an der Nordwand im Ost-chor). Nur Schritte von der Kirche ent-fernt ist am Haus Weinmarkt 12 seine Madonna mit dem Kind (um 1500 entstanden) zu bewundern. Weitere Werke des Veit Stoß oder aus seiner Werkstatt entdeckt man heute unter anderem in der Wolfgangskapelle der

Egidienkirche, in der Jakobskirche und im Germanischen Nationalmuseum.

Im Germanischen Nationalmuseum wie in der Sebalduskirche stößt man auch auf Werke des Bildhauers Adam Kraft (1455/60 – 1508/09). Besonders gut lassen sich die Arbeiten dieser beiden großen Meister jedoch in der Lorenzkirche vergleichen. Denn gleich links neben dem Englischen Gruß „wächst" das aus grauem Sandstein geschaffene Sakramentshaus auf der Grundfläche von nur einem Quadrat-meter rund 19 Meter in die Höhe.

Von 1493 bis 1495 schuf Kraft mit dem filigranen Sakramentshaus im Auftrag des Stifters, des reichen Kauf-herrn und Patriziers Hans Imhoff, eines der bedeutendsten Kunstwerke der Spätgotik. Im Bewusstsein seines Könnens machte sich Kraft in doppel-ter Weise „unsterblich". Neben einem jungen Gesellen und einem bärtigen Altgesellen verewigte er sich selbst in einer der drei steinernen Stützfiguren

Krafts Portaltympanon mit dem Hündchen vor der Nürnberger „Wappendreiheit" über dem Haupteingang der Mauthalle.

in selbstbewusster Pose, mit seinem Werkzeug und als einziger mit fleischfarben gefasstem Gesicht. Heutige Besucher der Kirche suchen vor allem nach der knieenden Figur des Meisters und übersehen dabei leicht das vom Stifter vorgegebene Bildprogramm mit sieben Heiligen (unter ihnen Sebald und Lorenz), dem Stifterwappen mit dem Seelöwen und den Beischildern der beiden Ehefrauen Imhoffs.

Anders als Veit Stoß, der vorwiegend Holz bearbeitete, war Kraft vor allem als Steinbildhauer tätig. Die Vorliebe Krafts für den haltbareren Werkstoff führte dazu, dass die Freie Reichsstadt dessen vollendete Beherrschung spätgotischer Formfülle und die meisterhafte Charakterisierung der Gestalten dazu nutzte, sich mit „Kunst am Bau" in Szene zu setzen. Kraft hat das den „Vorteil" verschafft, dass er im Nürnberger Stadtbild kaum zu übersehen ist. Am Tympanon über dem Portal der Mauthalle (1498 bis 1499) nehmen ihn tagtäglich viele tausend Passanten

wahr. Weniger wegen der beiden Nürnberger Wappen und des Reichswappens als vielmehr wegen des als Allegorie oder Scherz hinzugefügten weißen Hündchens fällt es ins Auge. Kaum zu übersehen ist auch Krafts

Abguss von Adam Krafts Georgsrelief am Praun'schen Haus (Weinmarkt 6).

Geschichte(n)

Sein Leben (um 1450 bis 1533) verlief wie ein Roman, und tatsächlich entstand 1939 der Roman „Gericht über Veit Stoß". Der Bildhauer ist einer der größten Künstler der Spätgotik, sein Hauptwerk der riesige Krakauer Marienaltar. 1496 kehrt Stoß nach Nürnberg zurück. Dort wird er zum Opfer eines Betrügers. Um sich sein Recht zu verschaffen, fälscht Stoß eine Urkunde. Doch sein Geständnis bringt ihn 1503 ins Lochgefängnis, er wird vom Henker gebrandmarkt. Sein Kontrahent verklagt ihn sogar auf Schadenersatz. Als Folge dieses Streits wird Stoß wiederholt rechtsbrüchig und gesellschaftlich geächtet, obwohl ihm sogar der Kaiser beisteht. Dennoch entsteht 1517/18 für die Lorenzkirche sein Englischer Gruß.

Unter den Figuren des von Stoß 1520 bis 1523 für die Nürnberger Karmeliter geschaffenen Weihnachtsaltars (heute im Bamberger Dom) hat er sich selbst dargestellt. Narben unter den Augen lassen die Durchstechung der Wangen mit dem glühenden Eisen des Henkers erkennen, wegen der Stoß zuletzt erblinden sollte. Zu dieser Zeit wird Nürnberg protestantisch. Die Stadt als neuer Besitzer des Klosters weigert sich, den Altar zu bezahlen. 1525 muss Stoß als Gegner der Reformation Nürnberg verlassen. Nach seiner Rückkehr wird er schikaniert: 1532 wird dem Greis der Verkaufsstand für seine Kupferstiche an der Frauenkirche gekündigt. Stoß stirbt verbittert und einsam. Seine Grabstätte auf dem Johannisfriedhof ist nur Schritte vom Grab Dürers entfernt.

Die Madonna mit dem Kind von Veit Stoß an der Fassade Weinmarkt 12.

Waagamtsrelief am Waaghaus an der Rückseite des IHK-Gebäudes in der Winklerstraße. Es entstand 1497, das Original befindet sich heute aber im Germanischen Nationalmuseum. Das Wappenrelief an der Kaiserstallung schuf Kraft schon 1494 bis 1495.

Adam Krafts zierliches achteckiges Glockentürmchen erhebt sich seit einer Umgestaltung der Frauenkirche von 1506 bis 1509 über deren Westgiebel (wo man die Kunstuhr mit dem „Männleinlaufen" sieht). Im Privatauftrag geschaffen, dennoch prominent platziert, ist Krafts Georgsrelief am Praun'schen Haus am Weinmarkt.

Buchstäblich im Straßenbild verewigt hat sich Kraft mit einem Kreuzweg, der früher vom Tiergärtnertor bis zum Johannisfriedhof führte: Die figurenreichen Reliefs der sieben Kreuzweg-

stationen sind an der Burgschmietstraße 48 und an der Johannisstraße
zu sehen. Die Originale entstanden
1505 bis 1508 (heute im Germanischen
Nationalmuseum). Am Straßenrand
stehen Kopien. In der kreisrunden Holzschuherkapelle des Johannisfriedhofs
entdeckt man die Grablegungsgruppe
Krafts vor einem Fresko des „Himm-
lischen Jerusalems". Die ursprünglich
am Eingang des Johannisfriedhofs
errichtete Kreuzigungsgruppe Krafts
ist seit 1905 im Innenhof des Heilig-
Geist-Spitals zu besichtigen.

Noch mehr von Kraft findet man in
den Kirchen – in der Lorenzkirche die
„Erdrosselung der Heiligen Beatrix",
ein Steinrelief (1500). In der Frauenkirche sieht man das Peringsdörfer'-
sche Epitaph von 1498 an der Nordwand (dieses Schutzmantelmadonna-
Epitaph ist eines der Hauptwerke Krafts)
sowie das Rebeck'sche Epitaph von
1500 (eine Marienkrönung am nördlichen Choranfang). An der Sebalduskirche – zwischen Pfeilern am Ostchor

*Das Relief einer der Kreuzwegstationen
Adam Krafts an der Burgschmietstraße.*

gegenüber dem Rathaus – entstand
bis 1492 das Schreyer-Landauer'sche
Grabmal mit einem kreuztragenden
Christus (Krafts erster großer Auftrag).
Das Helena-Tympanon über dem Portal
am Südturm der Kirche stammt ebenfalls von Kraft. Für die Tetzelkapelle
der Egidienkirche schuf er 1503 das
Landauer-Grabmal, das eine Marienkrönung zeigt. Obwohl Adam Kraft
offenbar häufig beauftragt wurde, hat
ihn seine Kunst letztendlich nicht reich
werden lassen. Am Ende seines stillen
und unauffälligen Lebens war er krank
und bettlägerig. Kraft starb im Spital
in Schwabach und wurde 1509 auf
dem Lorenzer Friedhof beigesetzt.

Obgleich die Erzgießerfamilie Vischer
von 1443 an hundert Jahre lang für
ganz Mitteleuropa Kunst und Hand-
werkliches produzierte, ist von fünf
Generationen der Nürnberger Vischers

Ein Kunstwerk von europäischem Rang: das Sebaldusgrab Peter Vischers d. Ä.

heute nur noch wenig zu sehen. Der bekannteste Vertreter dieser Familie, Peter Vischer d. Ä. (um 1460 bis 1529), betrieb mit seinen Söhnen die damals bedeutendste Gießhütte Deutschlands. Sein Bronzeleuchter in der Lorenzkirche gilt als Vischers Meisterstück.

Berühmt werden lassen hat ihn jedoch sein größtes Werk, das Sebaldusgrab, das er bis 1519 in zwölf Jahre langer Arbeit mit seinen Söhnen Hermann d. J. (1486 bis 1517) und – nach dessen Tod durch einen Unfall bei einer Schlittenfahrt – Peter d. J. ausführte. Die erste Skizze des 4,7 Meter hohen Denkmals hatte er übrigens schon 1488 vorgelegt. Das Sebaldusgrab wurde am Ende ein Kunstwerk zwischen Gotik und Renaissance. Wie ein gotischer Kuppelbau umhüllt das durchbrochene Gehäuse einen silbernen Reliquienschrein mit den Gebeinen des Heiligen. Doch die

Plastiken und Verzierungen tragen die Merkmale der Renaissance. Vermutlich hat eine Italienreise Peter Vischers d. J. bewirkt, dass sich der neue Stil aus dem Süden bei den Figuren der zwölf Apostel und den zahlreichen Figuren am Sockel (neben Putti, Musikanten, Ballspielern und Tierbändigern sieht man den heiligen Sebald) durchsetzte. In einer bärtigen Figur am Sockel hat sich Peter Vischer d. Ä. verewigt.

Den Rang Peter Vischers d. Ä. zeigen die Namen seiner prominentesten Kunden. Parallel zum Sebaldusgrab (ab 1507) arbeitete er ab 1512 am Gitter für die vielleicht von Dürer geplante Fugger-Grablege in der Augsburger Annakirche und ab 1513 an zwei Skulpturen für die Grablege Kaiser Maximilians I. von Habsburg in der Innsbrucker Hofkirche. Peter Vischer d. J. (1487 – 1528) ehrte übrigens seinen toten Bruder mit der ersten deutschen Bronzemedaille. 1513 schuf er die Gedenkplatte für Propst Anton Kreß in der Lorenzkirche.

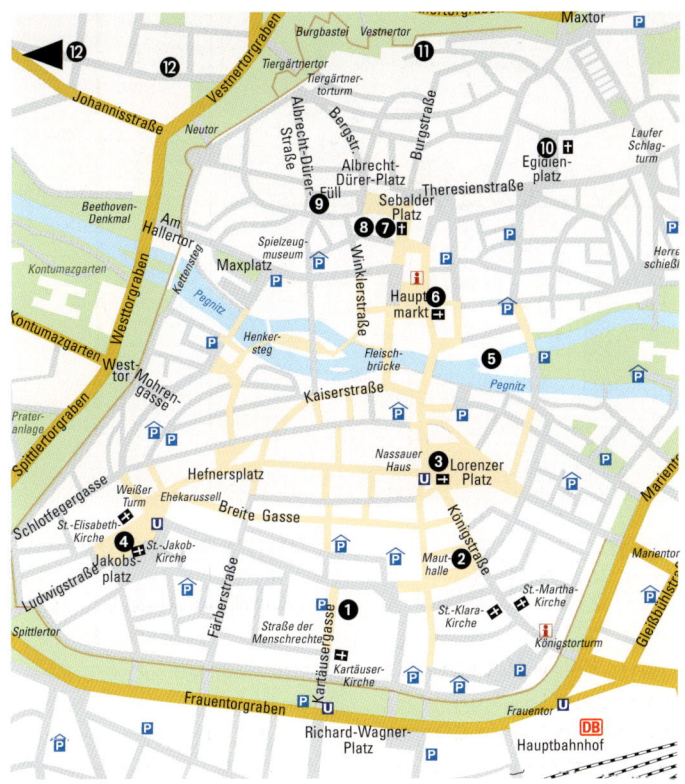

Ihr Weg zu Fuß

Ziel: Die großen Werke der Nürnberger Bildhauer- und Erzgießkunst sehen

Zeit: Ohne Museumsbesuch in anderthalb bis zwei Stunden machbar

Außer im ❶ Germanischen Nationalmuseum sieht man die Werke der drei Künstler in der Lorenzer Altstadt an der ❷ Mauthalle, in ❸ St. Lorenz sowie in der ❹ Jakobskirche. Wesentlich dichter liegen die „Fundstellen" in der Sebalder Altstadt. Die Stationen auf dem Weg zur Kunst sind hier das ❺ Heilig-Geist-Spital und vor allem die

❻ Frauenkirche sowie die ❼ Sebalduskirche (wo man – wie im „GNM" und in der Lorenzkirche – Werke aller drei großen Meister sehen kann). Weitere Stationen sind das ❽ Waagamtsrelief in der Winklerstraße und der ❾ Weinmarkt. Werke von Adam Kraft und Veit Stoß findet man an der ❿ Egidienkirche (in der Wolfgangs- sowie in der Tetzelkapelle). An der ⓫ Kaiserstallung der Burg entdeckt man das Wappenrelief Adam Krafts. Seinem ⓬ Kreuzweg folgt man durch die Burgschmietstraße zum Johannisfriedhof. In der Altstadt sieht man darüber hinaus noch an etlichen Fassaden Abgüsse von Werken Adam Krafts und des Veit Stoß.

Tour zu Toren und Türmen: entlang der Stadtmauer um die Altstadt

Sie sei „eine Sehenswürdigkeit europäischen Ranges" urteilte ein Reiseführer über die Nürnberger Stadtmauer. Zwischen dem Hauptbahnhof und den Burgbasteien ist dieses Festungswerk noch weitestgehend erhalten. Nürnberg ist die einzige deutsche Großstadt mit einer derart intakten Stadtmauer. Auch die fünf Haupttore der vormals mit mehr als 120 Türmen bestückten Befestigung sind heute noch zu sehen.

Gern gebaut hat man in Nürnberg schon immer: nicht nur Häuser, Kirchen und Burg(en), sondern auch Stadtmauern. Eine erste Stadtbefestigung umzog bereits um das Jahr 1100 den Siedlungskern am Burgberg – von ihr ist heute nichts mehr zu sehen.

Eine weitere Stadtmauer entstand in der Mitte des 13. Jahrhunderts aus zwei zunächst getrennten Stadtmauerringen um die Sebalder Altstadt und die Lorenzer Altstadt, die um 1325 durch zwei Flussüberbrückungen zu einem einzigen Befestigungsring verbunden wurden. Von dieser „vorletzten Stadtmauer" sind heute noch der Laufer Schlagturm (Egidienviertel), der Schuldturm (auf der Insel Schütt), der Weiße Turm (Ludwigsplatz) und das Ensemble beim Henkersteg zu sehen. Mauthalle, Unschlitthaus und Weinstadel entstanden über dem ab 1488 verfüllten Graben dieser Stadtmauer.

Doch Nürnberg wuchs und wuchs, und schon um 1350 begannen erste Arbeiten am Bau der „letzten Stadtbefestigung", die das Stadtgebiet verdoppelte. Mehr als fünf Kilometer lang

Bild oben: Unter dem Reichsadler geht es durch das Frauentor in den Waffenhof.

Die Zwingermauer beim Kartäusertor, dahinter zwei der 67 erhaltenen Türme.

umschloss sie die Altstadt. Heute besteht die Befestigung noch aus fast vier Kilometern Mauer, 67 Türmen und rund zweieinhalb Kilometern Graben.

Gut zu sehen: Das Bollwerk bestand im 15. Jahrhundert aus vier Verteidigungslinien. Dem bis zu zwölf Meter tiefen und 20 Meter breiten Trockengraben (für einen Wassergraben liegt der Grundwasserspiegel viel zu tief) folgten die Zwingermauer, dann der ebenerdige Zwinger und erst danach die eigentliche, bis zu acht Meter hohe Stadtmauer. Beide Mauerlinien waren durch Türme verstärkt und mit Wehrgang und Schießscharten versehen.

Bis heute sind die fünf Haupttore erhalten: Das Frauentor gegenüber dem Hauptbahnhof, das Spittlertor beim Plärrer, das (uralte) Neutor und das Tiergärtnertor (ganz nah beieinander

Tipps

Führungen: Geschichte Für Alle e.V. bietet die Führung „Mauern, Türme und Bastionen – Ein Streifzug entlang der Stadtmauer" an. Infos unter Telefon 09 11/3 07 36-0.

Gastro-Tipp: Erholung im Biergarten findet man bei Tucherbräu am Opernhaus, am Kettensteg und im Hexenhäusle am Vestnertorgraben.

Erlebnis: Im Handwerkerhof, der sich im ehemaligen Waffenhof des Königstorturms gleich gegenüber dem Hauptbahnhof befindet, entdeckt man in historischem Ambiente kleine Geschäfte mit Spielzeug, Kunsthandwerk. Auch das Kulinarische kommt nicht zu kurz.

Erlebnis: Der „Turm der Sinne" im Mohrenturm beim Westtor befasst sich mit Wahrnehmungen der fünf Sinne. Infos per Telefon 09 11/9 44 32 81, im Web: www.turmdersinne.de

Haupttor in Richtung Süden und Westen: das Spittlertor beim Plärrer.

südlich der Burg) und das Laufer Tor. Mit Ausnahme des letzteren sind diese Haupttore in jenen Teil der Stadtmauer zwischen dem Königstorturm beim Hauptbahnhof und den Basteien an der Burg eingebunden, der noch heute weitgehend lückenlos die Altstadt von Nürnberg umschließt.

Die Nürnberger des 16. Jahrhunderts haben sich intensiv mit dem Thema Stadtmauer befasst: 1527 gab Albrecht Dürer das erste gedruckte Lehrbuch über Befestigungswerke in deutscher Sprache heraus. Nach dem Markgrafenkrieg (1552/53) wurden mit Ausnahme des Tiergärtnertorturms die rechteckigen Haupttore meterdick rund ummantelt und dadurch massiv verstärkt. Schon 1535 bis 1548 hatte der Malteser Baumeister Antonio Fanzuni drei Basteien bei der Burg errichtet. Dieses Bauwerk hatte selbst für

die reiche und baulustige Stadt außergewöhnliche Dimensionen. Die Hauptbastei und die zwei kleineren Basteien hatten die Ausmaße eines bis zu viergeschossigen Gebäudes und waren doppelt so breit wie die Kaiserburg.

1866 hat der Bayerische Staat den Festungscharakter Nürnbergs offiziell aufgehoben. Seitdem sind an etlichen Stellen die Mauern für den Verkehr niedergelegt worden – erstaunlicherweise meist von Verkehrsplanern des späten 19. Jahrhunderts.

Mehrere im Stadtplan als „Tor" bezeichnete Stellen (Ludwigs-, Haller-, Max-, Marien- oder auch Königstor) sind nur Mauerdurchbrüche dieser Zeit. Vor allem auf der Ostseite der Altstadt ist von der Stadtmauer deshalb deutlich weniger erhalten. So lohnt vor allem der Weg vom Königstorturm zu den drei Burgbasteien oder zum Vestnertor, obwohl man der Stadtbefestigung fast rund um die ganze Altstadt folgen könnte.

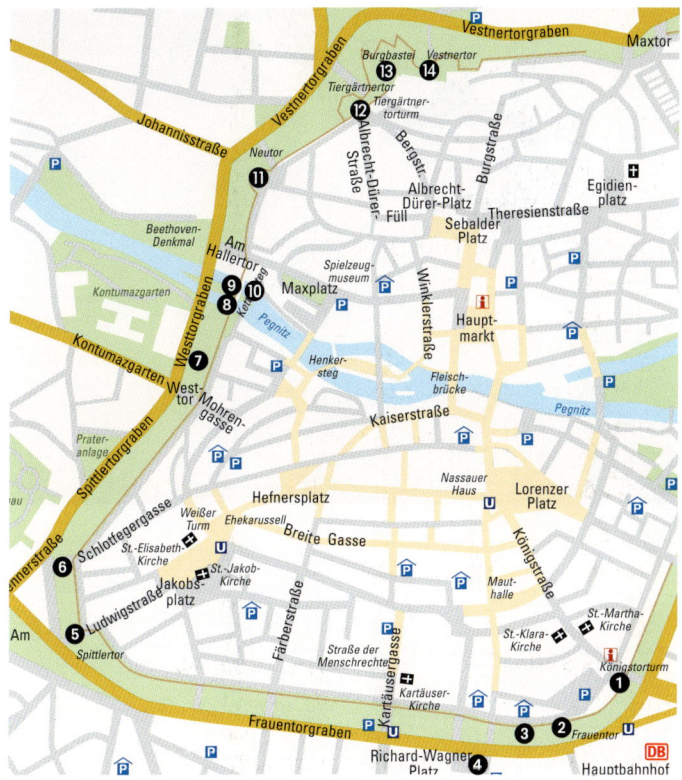

Ihr Weg zu Fuß

Ziel: Die Nürnberger Stadtmauer und ihre Türme und Tore zwischen (Haupt-)Bahnhof und Burg entdecken

Zeit: Eine bis anderthalb Stunden

Der Weg beginnt am ❶ Königstorturm direkt gegenüber dem Haupteingang des Hauptbahnhofs – die Nürnberger nennen ihn wegen der massigen Form (er wurde 1558 ummantelt) auch den „Dicken Turm". Mit dem Rücken zum Bahnhof nach links geht es nun an der Stadtmauer entlang, die bis zum Plärrer beinahe ununterbrochen verläuft und die in diesem Abschnitt von 21 Türmen überragt wird. Links vom „Dicken Turm" sieht man schon vom Bahnhofsvorplatz aus das markante ❷ Frauentor mit dem doppelköpfigen Reichsadler über dem Torbogen. Durch das wohl bereits Ende des 14. Jahrhunderts erbaute Tor führte einst der Weg nach Regensburg. Wer dem Fußweg vor der Stadtmauer nach links folgt, kommt nach nur ein paar Metern zum ❸ Frauentorzwinger, wo man den „Skulpturengarten" findet. Wer zuvor jedoch den Weg über die Holzbrücke zum Handwerkerhof wählt, kann – vorbei am Klarissenplatz – der Stadtmauer auf ihrer zur Altstadt hin gelegenen Seite folgen (das kann man

Blick auf den Neutorturm: Das Neutor war eines der fünf Haupttore Nürnbergs.

in der Folge noch an mehreren Abschnitten. Man sieht jedoch von innen viel weniger von der Stadtmauer und ihren Toren und Türmen).

Folgt man also der Straße vor der Mauer (sie heißt in diesem Abschnitt „Frauentorgraben"), kommt man vorbei am Sterntor (eine 1869 durch den Abbruch der Stadtmauer zwischen der Vorderen Sterngasse und Grasersgasse entstandene Durchfahrt) zum nahen Kartäusertor (ein Stadtmauerdurchbruch von 1882). Ginge man hier in Richtung Altstadt, käme man zur Straße der Menschenrechte und zum Haupteingang des Germanischen Nationalmuseums. Der Weg zum Kartäusertor wird vom imposanten Eindruck des bereits 1905 entstandenen Gebäudes der heutigen ❹ Staatsoper auf der gegenüberliegenden Straßenseite des Frauentorgrabens begleitet.

Der Stadtmauer folgt man aber weiter zum (nicht mehr existierenden, erst 1848 entstandenen und schon 1891 wieder abgebrochenen) Färbertor.

Der Weg entlang des folgenden Teilstücks der Stadtmauer dürfte schon etliche Stadtführer zu verlegenen Ausführungen gezwungen haben. Denn würde man dem innerhalb der Mauern liegenden Gässchen, der „Frauentormauer", folgen, sähe man jene Damen sich aus den Fenstern lehnen, die man in Frankreich charmant als „hübsche Frauen" umschreibt.

Über das kleine Jakobstor (es entstand erst 1893, die beiden kleineren Fußgängerdurchlässe wurden anno 1913 errichtet) leitet die Stadtmauer weiter zum ❺ Spittlertor (nachgewiesen seit 1377, sein Name stammte vom nahen Elisabethspital), zum Spittlertorturm und zum Ludwigstor. Von diesem südwestlichsten Punkt der Stadtbefestigung führte die Handelsstraße nach Rothen-

burg, Ulm und Augsburg. Der Spittler-torturm wurde 1557 ummantelt und erhielt so seine heutige runde Form. Zudem entstand daneben ein zusätzliches Tor. 1886 erbaute man zwei weitere Tore (das Tor an der inneren Mauer zur Ottostraße und einen im Zweiten Weltkrieg zerstörten gotisierenden Torbogen nördlich des äußeren Turms).

Vor dem Komplex um den Spittlertorturm liegt ein Verkehrsknotenpunkt, der Plärrer. Von dort aus dampfte 1835 die erste Eisenbahn Deutschlands, die Ludwigseisenbahn, in Richtung Fürth. 1866 entstand das Ludwigstor, weil man das Spittlertor entlasten wollte, doch bereits 27 Jahre später wurde das neue Tor schon wieder beseitigt, um Platz für den wachsenden Straßenverkehr zu schaffen.

Der Ludwigstorzwinger begleitet noch heute den Abschnitt der Stadtbefestigung vom Ludwigstor zum Fürther Tor. Spittlertormauer heißt der Stadtmauer-

Die Fronveste über dem Pegnitzausfluss, links der Schlayerturm.

Abschnitt zwischen dem Ludwigstor, dem 1894 errichteten **6** Fürther Tor (für dieses neue Tor bauten die Nürnberger eine Brücke über den Graben) und dem heutigen Mauerdurchbruch beim Westtor (auch: Mohrentor). Die **7** Stadtmauer beim Westtor erlaubte früher den schönsten Blick auf Nürnberg. Von außerhalb der Mauern schaut man hier auf die Burg-Silhouette. Dürer hat die Ansicht dargestellt. Die mittelalterliche Befestigung ist mit Graben, doppelter Mauerführung und vielen Türmen zwar vollständig erhalten, doch die vormals so gepriesene Ansicht ist wegen der Bebauung und wegen der hohen Bäume im Stadtgraben nur noch eingeschränkt zu genießen.

Der Stadtmauerabschnitt ab dem Westtor bis zur Pegnitz heißt Westtormauer. Sie endet in Richtung der Burg an der **8** Fronveste, dem mächtigen Gebäude,

Unter der Tiergärtnertorbastei hindurch führt ein Tunnel zu Altstadt und Burg.

das den Pegnitzdurchfluss unter dem Festungsbollwerk überwölbt. Seinen Namen erhielt der Bau, weil sich hier im 19. Jahrhundert ein Gefängnis befand. Ursprünglich diente das massige Bauwerk als Waffenarsenal und wurde als „Spießhaus" bezeichnet. Auf einer Insel im Pegnitzausfluss wurde der massige ❾ Schlayerturm von 1419 bis 1422 direkt an die Nordseite der Fronveste angebaut. 1519 wurde der Turm aus statischen Gründen verkleinert, die so gewonnenen Steine verbaute man beim benachbarten – Hallertürlein genannten – Fußgängerdurchlass. Das angrenzende Hallertor ist lediglich eine Straße in die (oder aus der) Altstadt.

Vor dem Komplex am Pegnitzdurchfluss spannt sich die Hallertorbrücke über das Gewässer. Nachdem die Brücke dem modernen Straßenbau „in die Hände gefallen" ist, ist sie zwar keine

Sehenswürdigkeit mehr. Dennoch ist es interessant, dass hier schon 1697 ihre beiden steinernen Bögen errichtet wurden. Hinter der Fronveste – also in der Altstadt – führt der ❿ Kettensteg über die Pegnitz. Dieser Kettensteg wurde 1824 als erste frei schwebende Flussbrücke Deutschlands errichtet. Ursprünglich stand dort ein hölzener Trockensteg.

Direkt hinter dem Schlayertor folgt in Richtung Burg das Hallertor, ein Stadtmauerdurchbruch von 1881/82. Auf dem Weg zur Burg sind nun gleich drei Routen möglich. Die erste führt vor der Mauer (mit Aussicht auf die Burg) entlang des Neutorgrabens, die zweite auf einem Fußweg durch den Graben innerhalb der Mauer, die dritte geht entlang der Neutormauer genannten Straße auf der Altstadtseite bis zum ⓫ Neutor. Das Neutor war eines der fünf Haupttore Nürnbergs. Hier ging es nach Fürth, Würzburg und Frankfurt. Seine runde Ummantelung erhielt der

Auf der Hauptbastei: Blick auf Vestnertorbastei, Fünfeckturm und Luginsland.

Neutorturm erst 1564, in dieser Zeit
wurden auch das Vorwerk und die
Neutorbastei errichtet. Seinen Namen
trägt das Tor, obwohl es seit 1377 bekannt ist, vermutlich deshalb, weil das
nördlich benachbarte ⓬ Tiergärtnertor
noch älter ist. Dessen Untergeschoss
stammt wahrscheinlich schon aus dem
13. Jahrhundert, zwei Obergeschosse
wurden 1516 aufgesetzt. Beim Bau
der Burgbasteien wurde stadtauswärts
der gekrümmte Tunnel geschaffen, der
hier eine Ahnung von den Ausmaßen
des Festungsbollwerks vermittelt. Das
Tiergärtnertor war das Haupttor nach
Nordwesten (in Richtung Erlangen und
Bamberg, Thüringen und Sachsen).

Der schönere Weg entlang der klee-
blattförmig angelegten ⓭ Burgbasteien
führt durch den Burggarten auf der
Tiergärtnertorbastei, der Hauptbastei
und der Vestnertorbastei. Zum Burggarten kommt man durch den Tunnel
unter dem Tiergärtnertorturm und über
den Tiergärtnertorplatz. Von hier führen

Auf der Hauptbastei: Blick auf Vestnertorbastei, Fünfeckturm und Luginsland.

Stufen zur Gasse „Am Ölberg" hinauf.
Dort geht es links durch einen kleinen
Torbogen in die Basteien. Der zweite
Weg führt am „Vestnertorgraben"
unterhalb der Basteimauern entlang
bis zum Tunnel beim ⓮ Vestnertor.
Es war eines der wichtigsten Tore der
Stadt und schützte den Zugang zur
Burg von Norden her.

Man könnte von hier aus weiter dem
Verlauf der Stadtmauer folgen – der
Altstadtring kennzeichnet ihn deutlich.
Zwar findet man zwischen dem Maxtor
(Abriss 1877) und dem Laufer Tor (1377
erstmals erwähnt, 1556 als erster Turm
rund ummantelt), am Frauentor- und
Marientorgraben noch längere Befesti-
gungsabschnitte. Doch beim Rückweg
zum „Dicken Turm" und zum Hauptbahnhof sind außer dem Laufer Tor nur
noch vereinzelte Abschnitte der Stadtmauer sonderlich sehenswert.

Nürnbergs Grün: vom Burggarten zu den barocken Hesperidengärten

So schön die Natur um Nürnberg ist – die Altstadt wirkt auf den ersten Blick alles andere als grün. Doch in und um die Stadtmauern und sogar auf den Mauern und Bastionen finden Besucher Nürnbergs etliche öffentliche Gärten und Parks. Einige davon zählen durchaus zu den Sehenswürdigkeiten dieser an Sehenswertem nun wirklich nicht armen Stadt.

Parkanlagen gibt es in Nürnberg seit mehr als einem halben Jahrtausend. Eine erste öffentliche Gartenanlage ließen die Ratsherren im 15. Jahrhundert auf der Hallerwiese anlegen. Seit dem 16. Jahrhundert entdeckten die humanistisch gebildeten Kaufleute Nürnbergs die Antike und ihre Gärten neu. Vor allem jedoch im 17. und 18. Jahrhundert entstanden in den Nürnberger Vorstädten nach dem Vorbild italienischer und niederländischer Barockgärten die „Hesperidengärten".

Die goldenen Äpfel der Töchter des Atlas aus der Herkules-Sage gaben ihnen den Namen. Für die Nürnberger des Barock waren die in Kübel ge-pflanzten exotischen Pomeranzen und Limonen „goldene Äpfel". Vor allem das historische Nürnberger Grün wird Gartenfreunde begeistern: Neben den sogenannten „Hesperidengärten" lohnen sowohl der Schlosspark beim Herrensitz Neunhof als auch der Burggarten den Weg.

Die „Hesperidengärten"

Der Name „Hesperidengärten" ist ein Sammelbegriff für einen insbesondere im Barock gepflegten Gartenstil. Der

Bild oben: Tulpen und Goldlack blühen im Mai unter dem Baumrondell im Burggarten auf der Tiergärtnertorbastei.

Garten Johannisstraße 43 – 47 wurde ab den 1980er Jahren wiederhergestellt. Er zeigt mit seiner klaren Gliederung des Areals durch Wege und Bäume, streng geschnittenen Hecken, Brunnenplätzen und Kübelpflanzen typische Elemente eines Hesperidengartens. Unter den Skulpturen der Anlage findet man unter anderem die Figuren von zwei Erdteilzyklen und kleine Allegorien der Jahreszeiten.

Der streng gefasste zentrale Gartenweg. Gartenskulpturen und symmetrisch gepflanzte Bäume sind sehr typische Elemente der barocken Hesperidengärten (das Bild zeigt einen Blick in die Gartenanlage Johannisstraße 47).

Das Rokoko-Tor und Götterfiguren vor dem Gärtnerhaus des im Jahr 1763 entstandenen intimen Hesperidengartens in der Johannisstraße 13.

Die für die Hesperidengärten typische
Lage des Haupthauses an der Straße
mit einer Gärtnerwohnung am ent-
gegengesetzten Ende des Grundstücks
sieht man auch beim 1763 entstandenen Barockgarten Johannisstraße 13.
Über ein schwungvoll geschmiedetes
Rokoko-Tor kommt man in die intime
Gartenanlage mit vier antikisierenden
Figurenpaaren römischer Götter um
einen kleinen Amorbrunnen. Dass
sich die beiden Gärten im Stadtteil
St. Johannis im Norden der Burg befinden, ist kein Zufall. Die zur Pegnitz
abfallenden Südhänge in St. Johannis
eigneten sich wegen des hier herr-
schenden milden Kleinklimas bestens
für die Zucht der aus dem Mittelmeer-
raum stammenden Zitrusfrüchte.

Geöffnet ist von April bis Oktober,
täglich von 7 bis 20 Uhr, an Sonn-
und Feiertagen von 9 bis 20 Uhr (von
November bis März geschlossen).
Eintritt frei. Tipp: Zu den Hesperidengärten kommt man von der Burg aus
in wenigen Minuten auch zu Fuß.
Öffentlicher Nahverkehr: Buslinie 34
und Straßenbahnlinie 6.

Der Johannisfriedhof

Der Johannisfriedhof liegt nur wenige
Gehminuten vom Hesperidengarten
Johannisstraße 43 – 47 entfernt. Im
Sommer präsentiert sich der „Gottes-
acker" als Blumenmeer – doch nicht
allein deshalb ist der Weg hierher derart lohnend. Der Johannisfriedhof ist
eine der bedeutendsten historischen
Begräbnisstätten Europas. In langen
Reihen stehen die meist historischen
Grabsteine in einheitlicher Sargform
(zum Teil mit ihren original Epitaphen)
– ein unvergesslicher Eindruck.

Zwischen der kleinen Johanniskirche
und der Holzschuherkapelle liegen
einige der prominentesten Nürnberger:
unter anderem Albrecht Dürer, Veit
Stoß, Willibald Pirckheimer und Wenzel

Jamnitzer. Über Dürers Grabstein blüht eine Rose. Der Friedhof ist ein großes „Geschichtsbuch" und außerdem eine einzigartige Grünanlage.

Gartenskulptur im Bürgermeistergarten zwischen Tiergärtnertorbastei und Neutor.

Der Burggarten

Absolut lohnend: der Spaziergang auf den drei in Form eines spitzblättrigen Kleeblatts angelegten Basteien an der Nordseite der Burg. Diese öffentliche Grünanlage ist von April bis Oktober zugänglich (8 bis 20 Uhr). Die Vestnertorbastei wird von Lindenbäumen beschattet. Über die meterdicken Mauern

Vom Garten auf dem Neutorzwinger genießt man die Aussicht auf die Burg.

Ihr Weg zu Fuß

Ziel: Die Gartenanlagen zwischen der Burg und dem Johannisfriedhof bei einem Spaziergang kennenlernen

Zeit: Eine bis anderthalb Stunden

Die Tour zu Nürnberger Gartenanlagen beginnt bei der ❶ Vestnertorbastei und führt von dort zum Rosenparterre auf der ❷ Hauptbastei. Von hier aus geht es zur ❸ Tiergärtnertorbastei und zum dortigen Baumrondell aus Feldahorn. Über die hier anschließende Anlage des ❹ Bürgermeistergartens kommt man zum Neutor und über den dortigen Waffenhof zum ❺ Garten auf dem Neutorzwinger. Man quert dort den verkehrsreichen Neutorgraben und erreicht nach einigen Gehminuten den ❻ Hesperidengarten in der Johannisstraße 13 sowie nur wenig später den ❼ Hesperidengarten in der Johannisstraße 43 – 47. Der Abschluss dieser Tour zu den Grünanlagen um die Burg führt zum ❽ Johannisfriedhof.

genießt man den Blick auf den Fünfeckturm und das Vestnertor. Entlang der Basteimauern geht es zum Rosengarten der Hauptbastei. Von hier führt der Weg zum Baumrondell auf der Tiergärtnertorbastei. Unter dem Rund aus geschnittenem Feldahorn blühen im Mai alte Tulpensorten und Goldlack.

Zu zwei weiteren Eingängen zum Burggarten kommt man über die Burg (beim Burgamtmannshaus) oder über die Gasse „Am Ölberg" (ein Treppenaufgang führt vom Tiergärtnertorplatz hinauf). Von Norden her erreicht man diese Eingänge über die Holzbrücken zum Vestnertor und zum Tiergärtnertor.

Der Bürgermeistergarten

Südwestlich der Tiergärtnertorbastei führen einige Stufen abwärts in eine Abfolge schmaler Gartenräume. Dieser 1971/72 neu gestaltete Bereich wird als „Bürgermeistergarten" bezeichnet, weil früher ein Gartennutzungsrecht für die Stadtoberhäupter bestand. Trotz der Nähe zur belebten Altstadt und zur Burg findet man hier eine Oase

der Stille. Über ein paar Treppenstufen kommt man zum Waffenhof beim Neutor (oder von dort durch den kleinen Einlass in die Anlage, die von April bis Oktober von 8 bis 20 Uhr geöffnet ist).

Anspielung auf Dürers Rhinozeros? Ein Nashorn im Skulpturengarten.

Der Garten auf dem Neutorzwinger

Ebenfalls vom Waffenhof am Neutor gelangt man durch eine schmale Tür treppauf zum Garten auf dem Neutorzwinger. Er ist mit Eibenkegeln und Ligusterhecken gestaltet. Von April bis Oktober (8 – 20 Uhr) genießt man das Panorama der Kaiserburg. In südlicher Richtung spaziert man von hier durch eine Reihe kleinerer Gärten zum Heilpflanzengarten beim Hallertor.

Der Skulpturengarten

Auch der Skulpturengarten liegt im Stadtgraben. Diese Grünanlage am Frauentorzwinger befindet sich sehr versteckt fast direkt gegenüber dem Hauptbahnhof. Die hier ausgestellten Objekte verweisen auf das nahe Neue Museum. Diese kleine, aber äußerst reizvolle Grünanlage bietet einen schönen Blick auf das auf der anderen Straßenseite liegende Opernhaus. Geöffnet von Oktober bis März 7 – 19 Uhr, April bis September 7 – 20 Uhr.

Der Garten des Tucherschlosses

Das Tucherschloss wurde 1544 als innerstädtisches „Sommerhaus" errichtet. Diese Sommerfrische der reichen Patrizier – heute modern mit strengen Buchsquadern gestaltet – ist eine fast unwirklich stille Oase. Die Anlage wird vom Hirsvogelsaal begrenzt. Geöffnet: Montag 10 – 15 Uhr und Donnerstag 13 – 17 Uhr. Am Sonntag darf man hier sogar picknicken (von 10 – 17 Uhr, Eintritt).

Schlossgarten Neunhof

Um 1500 wurde das Patrizierschloss Neunhof im Nürnberger Norden als einer der vielen Herrensitze um die Stadt errichtet. Das nach Plänen von

Der Blick über die Gartenmauer auf den Barockgarten vor Schloss Neunhof.

1800 wiederhergestellte Grün zeigt die Gartenkultur des Barock. Der Garten vor dem Schlösschen – mit Broderiebeeten, Buchsornamenten und Buchskegeln in Pflanzkübeln – ist nur zu den Museumsöffnungszeiten zugänglich. Östlich liegt der kleine Park, der ebenfalls nach alten Plänen als Grünanlage im Stil des Barock gestaltet wurde (mit Liguster gefasste Rasenquadrate und

Bäume, Buchs und blühende Rosen: stille Grün-Oase im Park des Tucherschlosses.

Abgüsse von Barockzwergen – die Originale, heute im Germanischen Nationalmuseum, standen früher in einem Hesperidengarten). Geöffnet: April – Oktober von 10 – 19 Uhr (Eintritt frei). Per ÖPNV ist Neunhof mit der Buslinie 31 und den Straßenbahnlinien 4 und 9 erreichbar.

Am Dutzendteich

Der Luitpoldhain beim Dutzendteich zählt zu den historischen Parks in der Stadt. Der 1906 entstandene Park, während des „Dritten Reichs" Standort der Luitpoldarena, wurde nach dem Krieg wiederhergestellt. Hier sind Wechselflor- und Staudenpflanzungen zu sehen. Das angrenzende Gelände um den Großen und Kleinen Dutzendteich mit der Zeppelinwiese und dem Gelände rund um das Nürnberger Frankenstadion ist mit 190 Hektar die größte Grünanlage Nürnbergs – mit viel Platz für Spaziergänger, Radfahrer und Inlineskater. Auf dem Großen Dutzendteich kann man sogar Tretboot fahren und segeln.

Am Ufer des Großen Dutzendteichs im Nürnberger Süden.

Der Tiergarten

Der Nürnberger Tiergarten zeigt über 2200 Wildtiere aus beinahe 300 Arten. Zugleich ist er aber auch eine sehenswerte Grünanlage. Der Tiergarten zählt zu den landschaftlich schönsten – und mit ausgedehnten Freiflächen auch größten – Einrichtungen seiner Art in Europa. Zwischen aufgelassenen Sandsteinbrüchen erstreckt sich auf dem nach Süden hin abfallenden Höhenrücken eine weiträumige Waldparkanlage mit anschließender Auenlandschaft. Durch seine Weiträumigkeit (er ist 63 Hektar groß) wurde der Tiergarten zum beliebten Naherholungsgebiet, das jährlich von mehr als einer Million Besuchern frequentiert wird (Infos: www.tiergarten.nuernberg.de).

Geöffnet ist der Tiergarten ab Mitte März bis Anfang Oktober von 8 – 19.30 Uhr (im Winter: 9 – 18 Uhr).

Tipps

Gastro-Tipp: Mit Blick auf den Hesperidengarten genießt man Kaffee und frischen Kuchen in der „Kaffeestube am Hesperidengarten", täglich geöffnet von 9 – 18 Uhr. In der urigen Bier- und Weinstube im „Barockhäusle" gibt es ab 18 Uhr fränkische Küche (beide Johannisstraße 47).

Ausstellung: Die Dauerausstellung „Die goldenen Äpfel Nürnbergs" ist von April bis Oktober (jeden zweiten Samstag im Monat, 13 bis 16 Uhr) im Gärtnerhaus des Hesperidengartens Johannisstraße 13 zu sehen.

Erlebnis: Sonntags kann man im Garten des Tucherschlosses mit Mitgebrachtem picknicken (im Sommer und nur bei gutem Wetter von 10 – 17 Uhr). Infos: Telefon 09 11/2 31-54 21

Lese-Tipp: „Garten und Gärtla in und um Nürnberg" – ein Lesebuch.

Zwischen Reichsparteitagsgelände und Gerichtssaal 600

Ein dunkles Kapitel in der Geschichte Nürnbergs sind die Jahre von 1933 bis 1945. 1936 machte ein Erlass des Innenministeriums die „Stadt der Reichstage" offiziell zur „Stadt der Reichsparteitage". Die zum Teil erhaltene Bausubstanz auf dem ehemaligen Reichsparteitagsgelände erinnert an den Größenwahn der NS-Ära. Nach dem Krieg wurde im Gerichtssaal 600 mit den „Nürnberger Prozessen" Weltgeschichte geschrieben. Nürnberg ist längst ein „einzigartiger Lernort der Geschichte" geworden: Mit dem „Dokumentationszentrum Reichsparteitagsgelände" und der „Straße der Menschenrechte" setzt sich die Stadt heute mit ihrer Vergangenheit auseinander.

Manchen ausländischen Gast erinnert die Stadt nicht an erster Stelle an Burg, Dürer und Bratwurst. Der Nürnberger Autor Fitzgerald Kusz formulierte es so: „Sagt man Nürnberg, denkt der Rest der Welt an Judenverfolgung, Nazi-Aufmärsche und Kriegsverbrecher. Nürnberger Gesetze, Reichsparteitage und Nürnberger Prozesse lauten die Stichworte ...".

Die erhaltenen Bauten des am Ende 13 Jahre währenden „Tausendjährigen Reichs" seien „einzigartige Dokumen-

te menschenverachtenden Größenwahns", so Kusz. Zwar marschierte beispielsweise München auf dem Weg ins „Dritte Reich" ebenfalls vorneweg, doch Nürnberg sei für viele Menschen „eine Chiffre für die Nazi-Zeit".

„Nürnberg ist gleich Nationalsozialismus" – das ging deshalb besonders

Bild oben: Das Kolosseum in Rom war das Vorbild bei der Planung der Nürnberger Kongresshalle.

leicht zusammen, weil hier Reste des gigantomanischen früheren Reichsparteitagsgeländes erhalten blieben. Und die verbliebenen Bauten erinnern nun einmal unübersehbar an die unseligen Jahre.

Aber auch sonst hatte die Stadt keine rühmliche Rolle gespielt. Hier bereitete der „Frankenführer" Julius Streicher mit seinem Hetzblatt „Der Stürmer"

Der spektakuläre Eingangsbereich des Dokumentationszentrums im Kopfbau der Kongresshalle: Hinter der Fassade findet man auf 1300 Quadratmetern die Dauerausstellung „Faszination und Gewalt". Zwei Stunden sollte man für eine Besichtigung einplanen.

Schwäne füttern mit Blick über den Großen Dutzendteich und auf die beiden Kopfbauten der Kongresshalle.

Geschichte(n)

In der „deutschesten aller deutschen Städte" – so der nationalsozialistische Oberbürgermeister Nürnbergs – hatte der Antisemitismus eine lange Vorgeschichte. Schon im Jahr 1298 wurden während des sogenannten Rindfleisch-Pogroms 628 Mitglieder der jüdischen Gemeinde ermordet. 1349 wurden mit Billigung des Kaisers sowohl das Judenviertel als auch die Synagoge zerstört und 562 Menschen getötet. Durch den Abriss des Viertels entstand der Hauptmarkt, den man von 1933 bis 1945 „Adolf-Hitler-Platz" nannte.

1499 wurden erneut die Synagoge sowie der jüdische Friedhof zerstört und die jüdische Gemeinde ausgewiesen. 20 Jahre nach dem Pogrom von 1349 entstand am Ostchor der Sebalduskirche die „Judensau", das Schmähbild eines Schweins, an dessen Zitzen Menschen saugen. Das Marienportal an der Nordseite (Bild) zeigt an Spitzhüten erkennbare Juden, die sich am Sarg Marias vergreifen wollen. Auch auf dem Tucher-Fenster findet man ein diffamierendes Motiv. Die Kirchengemeinde hat mit der Schrift „Judenfeindliche Darstellungen an der Sebalduskirche zu Nürnberg" (in der Kirche erhältlich) diese Mahnmale vorbildhaft erklärt und kommentiert.

Damals eine Aufmarschstraße, heute ganz pragmatisch als Parkfläche genutzt: Die Große Straße verläuft zwischen dem Großen und dem Kleinen Dutzendteich. Die Granitplatten für ihren Bau wurden aus dem KZ Flossenbürg geliefert.

jenem Antisemitismus den Weg, der schließlich am 15. September 1935 während einem der acht Reichsparteitage in der Stadt in die „Nürnberger Gesetze" mündete. Die „NS-Rassegesetze" führten zur Verfolgung der jüdischen Mitbürger, die sich in Nürnberg 1938 – immerhin schon einige Monate vor der „Reichskristallnacht" – im Abbruch der Hauptsynagoge am Hans-Sachs-Platz niederschlug.

Zudem – so die Autoren Steffen Radlmaier und Siegfried Zelnhefer in ihrem im Jahr 2002 erschienenen Taschenbuch „Tatort Nürnberg" – hatte in keiner anderen Stadt des „Deutschen Reiches" der Führer-Mythos so sehr im Mittelpunkt gestanden wie bei den Massenversammlungen in Nürnberg. Die Partei wollte vom historischen

Gewicht der „Stadt der Reichstage" profitieren. Zu den damals geplanten Aufmarsch- und Versammlungsplätzen gehörten zum Beispiel das Zeppelinfeld, die Große Straße, das Deutsche Stadion und die Luitpoldarena. Ein Nürnberger Architekt wurde mit dem Bau der Kongresshalle betraut. 1940 wurden die Arbeiten eingestellt.

Bis 1938 inszenierten jährlich bis zu eine Million Menschen in Nürnberg das einwöchige Massenerlebnis der „Volksgemeinschaft", an der Parteigruppierungen aus allen Teilen des Landes teilnahmen. Die daraus resultierende Symbolkraft Nürnbergs musste die Stadt mit ihrer Zerstörung und – trotz aller Bunker- und Schutzbauten – mit mehreren tausend Toten bezahlen. Von 1940 bis zum 11. April 1945 flogen die Alliierten insgesamt 59 Luftangriffe auf Nürnberg.

Im Trümmerchaos der zerbombten Stadt aber wurde zwischen dem 20. November 1945 und dem 1. Oktober 1946 Weltgeschichte geschrieben. Im Gerichtssaal 600 des Justizgebäudes an der Fürther Straße fanden die „Nürnberger Prozesse" als ein „historisches Ereignis und internationales Medienspektakel allerersten Ranges" statt: Die Siegermächte zogen hier 21 hochrangige Vertreter des Naziregimes – von denen am Ende ein Dutzend zum Tod verurteilt wurde – für ihre Taten zur Verantwortung. Heute kann dieser Gerichtssaal 600 im Rahmen der Informations- und Dokumentationsstätte „Memorium Nürnberger Prozesse", die über die Vorgeschichte, den Verlauf und die Nachwirkungen

Geschichte(n)

Anders als viele andere Städte setzt sich Nürnberg aktiv mit seiner historischen Verantwortung auseinander, die aus der besonderen Rolle während des Nationalsozialismus resultiert. Deshalb wird seit 1995 auch in jedem zweiten Jahr der „Internationale Nürnberger Menschenrechtspreis" vergeben. Mit dem Preis will die einstige „Stadt der Reichsparteitage" zur Verwirklichung der Menschenrechte beitragen.

In den Jahren zwischen der Preisverleihung werden bei einem „Friedensmahl" Spenden für die Projekte der Vorjahrespreisträger gesammelt. Hier ist jeder nach Anmeldung als Gast willkommen. Mit diesem Friedensmahl im Saal des Rathauses knüpft Nürnberg an das historische Mahl im Jahr 1649 an, bei dem die gegnerischen Parteien nach dem Ende des Dreißigjährigen Kriegs den Friedensschluss besiegelten. Sichtbares Zeichen der Auseinandersetzung mit der Vergangenheit ist die „Straße der Menschenrechte" des israelischen Künstlers Dani Karavan beim Germanischen Nationalmuseum. Auf 27 Säulen und auf zwei Bodenplatten sowie durch einen Baum symbolisiert, dokumentiert die Straße 30 Artikel der „Allgemeinen Erklärung der Menschenrechte" von 1948. Auf allen Säulen und den beiden Bodenplatten findet man einen Artikel in einer jeweils anderen Sprache sowie seine deutsche Fassung.

Weitere Infos findet man im Internet: www.menschenrechte.nuernberg.de

Im Kunstbunker im Burgberg wurden Kunstschätze eingelagert. Der „Englische Gruß" von Veit Stoß, Behaims Globus und die Reichskleinodien überstanden hier alle Bombenangriffe.

Im Justizgebäude ist die Dauerausstellung „Memorium Nürnberger Prozesse" zu sehen – an verhandlungsfreien Tagen mit Blick in den Gerichtssaal 600. Im Bild: die „Angeklagten-Ecke" der Ausstellung.

der „Nürnberger Prozesse" informiert, besichtigt werden.

Längst aber setzt sich die Stadt aktiv mit ihrer Vergangenheit auseinander. Seit dem Jahr 2001 zeigt die Dauerausstellung „Faszination und Gewalt" im Dokumentationszentrum in ihren 14 Räumen die NS-Zeit in der Stadt – von den Anfängen über die Reichsparteitage und die „Nürnberger

Prozesse" bis hin zur Geschichte des ehemaligen Reichsparteitagsgeländes nach 1945. Die Einrichtung des Dokumentationszentrums, die im Jahr 1993 installierte „Straße der Menschenrechte" beim Germanischen Nationalmuseum und der seit 1995 verliehene Internationale Nürnberger Menschenrechtspreis trugen dazu bei, dass der Stadt Nürnberg 2001 der UNESCO-Preis für Menschenrechtserziehung verliehen wurde.

Wer heute nach Spuren der NS-Zeit in Nürnberg sucht, findet sie über die ganze Stadt verteilt: Julius Streichers „Gauhaus" am heutigen Willy-Brandt-Platz und das „Grand-Hotel" erinnern an die Aufenthalte der Partei-Bonzen. Ein roter Monumentalbau an der Frankenstraße gilt als der bedeutendste Kasernenbau, der damals entstand. Heute arbeitet dort das „Bundesamt für Migration und Flüchtlinge".

Im Rahmen von Führungen zu besichtigen ist der „Historische Kunstbunker im Burgberg". In den Schutzräumen tief im Burgberg wurden während des Zweiten Weltkriegs Kunstschätze wie die Reichskleinodien, der „Englische Gruß" von Veit Stoß oder das Uhrwerk mit dem „Männleinlaufen" der Frauenkirche eingelagert.

Die über die ganze Stadt verteilten Luftschutzbunker sind ebenfalls noch zu sehen. Im Hochbunker „Hohe Marter" ist heute auf 300 Quadratmetern eine Sammlung zum Militärstandort Nürnberg ausgestellt. Das Mahnmal an der Spitalbrücke erinnert an die im August 1938 abgebrochene

Tipps

Ausstellung: Die Ausstellung im Doku-Zentrum ist montags bis freitags (9 bis 18 Uhr), samstags sowie sonntags ab 10 Uhr geöffnet (letzter Einlass 17 Uhr). Infos: Telefon 09 11/2 31-56 66 oder im Web (www.museen.nuernberg.de)

Führung: Beim Rundgang über das Reichsparteitagsgelände sieht man die gigantischen Bauten, die den Größenwahn des NS-Regimes dokumentieren. Geführt wird fast jeden Sonntag um 14 Uhr. Weitere Informationen unter www.geschichte-fuer-alle.de oder Telefon 09 11/3 07 36-0

Nahverkehr: Zum früheren Reichsparteitagsgelände kommt man mit der S-Bahn 2 (Haltestelle Dutzendteich), mit den Straßenbahnlinien 6 und 9 oder mit den Buslinien 36, 55 und 65 (jeweils Haltestelle Doku-Zentrum).

Gerichtssaal 600: Der Saal kann an verhandlungsfreien Tagen im Rahmen eines Besuchs der Dauerausstellung „Memorium Nürnberger Prozesse" (Mi bis Mo 10 – 18 Uhr) besichtigt werden. Infos: 09 11/2 31-56 66 oder www.museen.nuernberg.de

Gastro-Tipp: Direkt am Ufer des Dutzendteiches gelegen, bietet das „Strandhaus" neben gutem Essen auch eine eindrucksvolle Aussicht.

Lesen: „Tatort Nürnberg – Auf den Spuren des Nationalsozialismus" erklärt die Geschichte und die Sehenswürdigkeiten (ISBN 3-89716-362-4).

Hauptsynagoge am Hans-Sachs-Platz – nur einige Schritte vom Hauptmarkt entfernt.

Den Größenwahnsinn der NS-Zeit verdeutlicht nicht zuletzt das ehemalige Reichsparteitagsgelände. Wer will, kann sich bei einer Besichtigung über die Unbefangenheit freuen, mit der die jungen Nürnberger mit den verbliebenen Bauten umgehen. Das Areal um den Dutzendteich ist nämlich für Inlineskater ideal. Vor der Zeppelintribüne wird Roll-Hockey gespielt, und hier findet einmal im Jahr das Norisring-Rennen statt.

Im angrenzenden Grün trifft man sich jährlich zu „Rock im Park". Im nahen Frankenstadion, in dem seit 1933 die Hitler-Jugend aufmarschierte, feuern heute Club-Fans die Bundesliga-Elf des 1. FC Nürnberg an. Von der damaligen Architektur ist im WM-Stadion des Jahres 2006 kaum etwas erhalten.

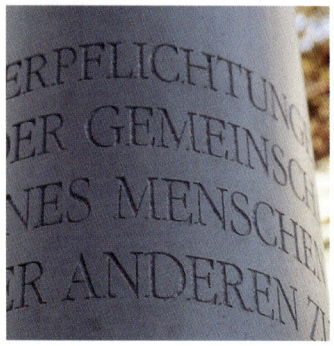

Das heutige Nürnberg setzt sich engagiert und sichtbar für den Frieden ein – diesen Artikel der von den Vereinten Nationen verkündeten Menschenrechte findet man an einer der 27 Säulen in der „Straße der Menschenrechte".

Ihr Weg zu Fuß

Ziel: Die Dimensionen des Orts der „Reichsparteitage" erleben

Zeit: Drei bis vier Stunden (ohne Besuch des Doku-Zentrums), wenn man das ganze Gelände begeht. Wer weniger Zeit hat, schaut sich die Kongresshalle und das Zeppelingelände (mit dem Weg vorbei am Dutzendteich in einer guten Stunde möglich) an. Wer sich das Gelände per Fahrrad oder Inlineskates erschließt, erspart sich einen längeren Fußmarsch.

Sehenswert

❶ „Dokumentationszentrum Reichsparteitagsgelände" (Dauerausstellung „Faszination und Gewalt")

❷ Kongresshalle: ein unvollendeter Monumentalbau in Hufeisenform

❸ Große Straße: die zentrale Achse des früheren Reichsparteitagsgeländes

❹ Luitpoldhain: zentraler Aufmarschort der Reichsparteitage, Ehrenhalle für die Opfer der beiden Weltkriege

❺ Silbersee: Aus der Baugrube des „Deutschen Stadions" wurde ein See.

❻ Frankenstadion: nach der NS-Ära mehrfach modernisierte Fußballarena

❼ Zeppelinfeld: 289 Meter langes Aufmarschfeld, Haupttribüne, Ehrentribüne und Rednerkanzel

Die „größte Baustelle der Welt" – so die Nationalsozialisten – erstreckt sich über elf Quadratkilometer. Parkplätze gibt es am Rand des früheren Reichsparteitagsgeländes, doch auch per Bus, Straßenbahn und S-Bahn kommt man hierher. Idealerweise nimmt man den Bus Nr. 55 oder 65, die beide direkt vor dem ❶ Doku-Zentrum halten. Von der Haltestelle aus sieht man das ungewöhnliche Entree dieser Gedenkstätte, für das ein Stück des Nordflügels aus der monumentalen ❷ Kongresshalle herausgebrochen wurde. Eine didaktische Schau erklärt auf 1300 Quadrat-

metern mittels 64 Text- und Bildtafeln sowie mit Filmmaterial (unter anderem zur Baugeschichte, zu den Zeitzeugen, zu Leni Riefenstahls NS-Propagandastreifen „Triumph des Willens" und zu den „Nürnberger Prozessen") in mehreren Sprachen die Zeit des „Dritten Reichs" und ihre Folgen für Nürnberg.

Die Kongresshalle ist dem Kolosseum in Rom nachempfunden, dessen Maße der hufeisenförmige Rundbau mit seinen zwei Kopfbauten jedoch deutlich übertrifft. Dieser Bau – er sollte 203 Meter lang, 180 Meter tief und 44 Meter hoch

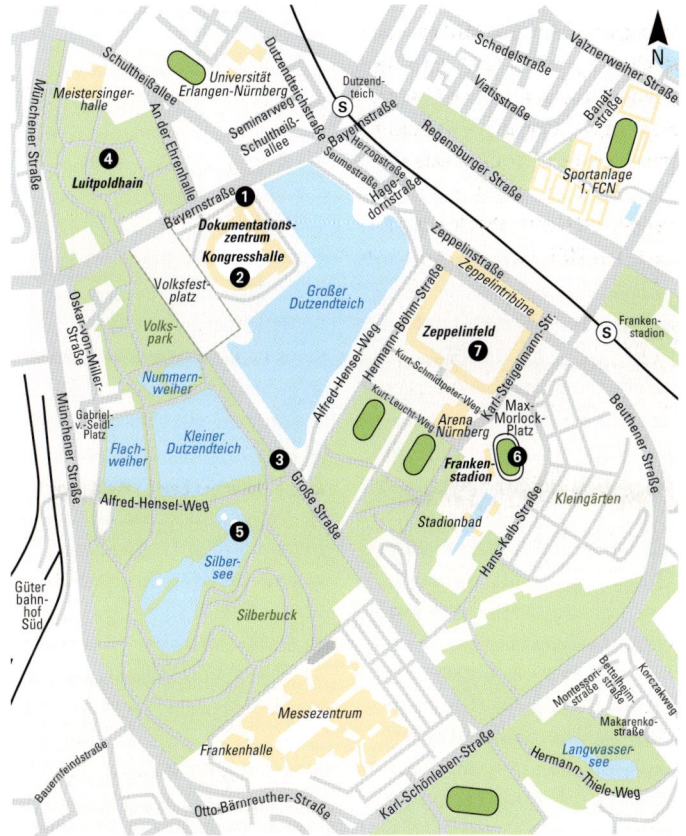

Die monumentale hufeisenförmige Kongresshalle und ihre beiden Kopfbauten.

werden – wurde nie vollendet, aber auch sein Torso ist der größte heute noch sichtbare NS-Monumentalbau in Deutschland. Wer mit dem Gesicht zum Eingang des Doku-Zentrums stehend rechts herum um den Bau geht, sieht dabei die erschlagenden Ausmaße der mit Naturstein verkleideten Fassade und stößt so auf die ❸ Große Straße. Die mit 60 000 Granitquadern aus dem KZ Flossenbürg belegte Aufmarschroute war als zentrale Achse des Reichsparteitagsgeländes auf die Burg ausgerichtet.

Nördlich der Großen Straße liegt der ❹ Luitpoldhain, in dem die Luitpoldarena lag, die gegen Ende des Zweiten Weltkriegs von Bomben zerstört wurde. Über ihren Fundamenten befindet sich heute der Parkplatz westlich der Kongresshalle. In der angrenzenden Grünanlage steht die bereits 1930 eingeweihte Ehrenhalle, heute ein Denkmal für die Gefallenen der beiden Weltkriege und für die Opfer des NS-Regimes. Im Luitpoldhain findet einmal jährlich das größte Klassik-Open-Air Europas statt.

Wer der Großen Straße in Richtung Süden folgt, läuft dabei auf der kerzengeraden Trennungslinie zwischen dem Großen Dutzendteich (östlich) und dem Kleinen Dutzendteich (westlich davon). Im Westen liegt auch der ❺ Silbersee, die mit Wasser vollgelaufene Baugrube des geplanten gigantischen „Deutschen Stadions", das rund 400 000 Menschen fassen sollte. Hitler hatte erklärt, dass nach 1940 die Olympischen Spiele „für alle Zeiten in Deutschland stattfinden, in diesem Stadion". Das Stadion sollte seinerzeit das größte Bauvorhaben auf dem Gelände werden. Am Ende der Großen Straße sollte das Märzfeld entstehen – das Gelände ist heute mit dem Stadtteil Langwasser überbaut.

Wer auf Höhe des Messezentrums links nach Westen abbiegt, kommt am

❻ Frankenstadion, einem der zwölf Stadien der Fußball-WM des Jahres 2006 in Deutschland, vorbei. 1928 galt es als das schönste Stadion der Welt, sein Planer erhielt bei den Olympischen Sommerspielen in Amsterdam die damals noch vergebene Goldmedaille für Architektur. Ab 1933 diente dieses städtische Stadion als Aufmarschort für die Hitler-Jugend. 1935 hatte Hitler von der „Führertribüne" aus erklärt, wie sich die NS-Ideologie die deutsche Jugend vorstellte: Nämlich „... flink wie Windhunde, zäh wie Leder und hart wie Kruppstahl." Direkt neben dem Frankenstadion liegt übrigens die erst 2001 erbaute Eissport- und Mehrzweckhalle „Arena Nürnberger Versicherung", wo heute die harten Eishockeycracks der „Nürnberg Ice Tigers" flink und zäh in der höchsten deutschen Liga hinter dem Puck herjagen.

Nördlich des seit der NS-Zeit mehrfach renovierten und ausgebauten Frankenstadions kommt man zum riesigen

Die Haupttribüne des Zeppelinfelds: Bis zu 70 000 Menschen sollen hier während der Reichsparteitage Platz gefunden haben.

❼ Zeppelinfeld. Das fast quadratische Aufmarschgelände ist 289 Meter breit und 312 Meter lang. Die Haupttribüne wurde schon 1935 in die Dramaturgie der Massenveranstaltungen einbezogen.

60 000 bis 70 000 Besucher fanden auf der 1937 fertiggestellten tempelähnlichen Steintribüne Platz, auf dem Zeppelinfeld davor marschierten bis zu 100 000 Menschen auf. Die zentrale Halle mit ihren 144 Pfeilern und den flankierenden Seitenbauten wurde im Jahr 1967 gesprengt – „wegen Baufälligkeit", wie es hieß. Nur die Rednerkanzel und die Ehrentribüne des 300 Meter langen Bauwerks blieben somit erhalten. Seit 1997 findet jährlich beim Frankenstadion sowie neben und auf dem Zeppelinfeld das Festival „Rock im Park" mit zehntausenden Fans statt.

Was man als Besucher noch wissen will? Die kürzesten Wege zu gutem Essen und Trinken und das jeweils passende Hotel zum Beispiel? Wichtig ist: Was gibt es hier zu erleben? Wann ist was los? Wohin geht man am Abend? Und was unternimmt man mit Kind(ern)? Ein paar Antworten auf ein paar wichtige Fragen.

Übernachten in Nürnberg: vom Grandhotel bis zur Jugendherberge

In einer Messe- und Kongressstadt wie Nürnberg ist natürlich ein breites Bettenangebot vom 500-Betten-Haus bis zum idyllischen kleinen Altstadthotel, vom piekfeinen Grandhotel bis zum besonders günstigen Quartier zu haben. Die Auswahl ist riesig – und einen Superlativ bietet Nürnberg auch: Die Jugendherberge auf der Burg ist sicherlich die schönste Bayerns.

Reisende hat eine Stadt wie Nürnberg immer schon in Massen angezogen, Reisende mit großen Namen noch dazu. Doch während die Kaiser zuerst noch auf ihrer Pfalz über der Stadt und später (viel komfortabler) bei den reichen Patriziern der Stadt abstiegen, war schon der viel gereiste Dichterfürst Johann Wolfgang von Goethe wie unsereins ganz konventionell im Hotel zu Gast.

Goethe war gleich viermal in Nürnberg zu Gast – er nächtigte 1797 zum Beispiel vier Tage lang im Roten Hahn. Dieser historische Gasthof wurde im Zweiten Weltkrieg zerstört und nicht wieder aufgebaut. Den größeren Teil des Roten Rosses, in dem Goethe Jahre zuvor übernachtet hatte, rissen die Nürnberger 1899 ab. Vom Roten Ross erhalten blieb das Anwesen Weinmarkt 12a (die vormalige Fugger-Faktorei), wo eine Inschrift an prominente Gäste wie Kaiser Leopold, die Bayern-Könige Ludwig I. und Maximilian II., an Fürst Metternich, den Ballonfahrt-Pionier Blanchard und Goethe erinnert.

Auf andere prominente Gäste hätten die Nürnberger (vor allem im Nachhi-

Bild oben: Eine Inschrift am Weinmarkt erinnert an berühmte Hotelgäste wie den Dichterfürsten Goethe.

nein) äußerst gern verzichtet. Als das Nürnberg der 1930er Jahre zur „Stadt der Reichsparteitage" wurde, wurde das 1896 eingeweihte „Grand Hotel" gegenüber dem Hauptbahnhof in „Hotel Reichsparteitag" umbenannt.

Wenige Wochen nach Kriegsende logierten hier während der „Nürnberger Prozesse" Juristen und Prozessbeobachter. Seinerzeit waren unter anderem heute berühmte Schriftsteller wie Louis Aragon, Ilja Ehrenburg oder Wolfgang Hildesheimer Gäste in dem bis 1954 von der US-Armee beschlagnahmten Hotelkomplex.

Längst ist das stilvolle Haus wieder ein „normales" Hotel. In seiner Gästeliste finden sich so prominente Namen wie der der Beatles und Herbert von Karajans, Hildegard Knefs und Harry Belafontes, von Bob Dylan, Joe Cocker und Robbie Williams. Seit 1996 ist das auch städtebaulich prägende „Grand Hotel" ein Haus der internationalen Hotelkette „Le Meridien".

In der Altstadt ist alles ganz nah beieinander: Hotels mit der Burg oder Dürer (beziehungsweise seiner Frau Agnes) im Namen liegen in der Nähe der jeweils passenden Sehenswürdigkeit.

Die NS-Vergangenheit kommt auch beim Besuch der Jugendherberge in der Kaiserstallung der Burg (sicher eine der schönsten Jugendherbergen in Deutschland) ins Spiel. Der 1494/95 von Hans Beheim d. Ä. errichtete Bau wurde 1938 zu einer „Reichsjugendherberge" umgebaut. Seit 1952 dient die Nürnberger Jugendherberge wieder als ein beliebtes Quartier für junge Menschen aus aller Welt.

Hotel- und Kongressgästen, Städtetouristen und Weltenbummlern hilft die Congress- und Tourismus-Zentrale Nürnberg bei der Bettensuche. Ein paar Tipps in Sachen Übernachtung – mit Schwerpunkt auf solche in oder bei der touristisch reizvollen Altstadt – findet man auf den nächsten Seiten ...

Ganz viele Tipps

Service: Die Congress- und Tourismus-Zentrale Nürnberg übernimmt kostenlose Reservierungen. Telefonnummer: 09 11/23 36-0 oder zur Onlinebuchung: www.hotel.nuernberg.de

Broschüre: Eine Broschüre mit vielen Übernachtungsmöglichkeiten in der Städteregion Nürnberg gibt es bei den beiden „Tourist Informationen" am Hauptbahnhof (Königstraße 93) und am Hauptmarkt. Weitere Infos unter: www.tourismus.nuernberg.de

Pauschalangebote: Fragen Sie bei der Congress- und Tourismus-Zentrale nach Pauschalangeboten oder im Web unter: www.pauschalen-nuernberg.de

Fünf Sterne: Ein nobles Fünf-Sterne-Haus für höchste Ansprüche ist das Sheraton Hotel Carlton Nürnberg (in der Eilgutstraße neben dem Hauptbahnhof). In der Präsidentensuite nächtigt man sogar hinter schusssicheren Fenstern. Auch der Wellness-Bereich ist vom Feinsten.

Grand Hotel: Das im Jugendstil eingerichtete „Le Meridien Grand Hotel" – es gilt als erstes Haus am Platz – ist nicht klassifiziert, bietet aber Komfort zwischen vier und fünf Sternen.

Vier-Sterne-Hotels: Vier Sterne zieren das Hotel Arvena Park (Görlitzer Straße, ganz nah bei der Messe) sowie das Mövenpick Hotel Nürnberg-Airport (Flughafenstraße). Das Eurohotel & Suites Nürnberg (Kaulbachstraße) liegt ganz nah bei der Burg. Weitere Vier-Sterne-Häuser: Das Hotel Arotel (in der Eibacher Hauptstraße), das Ringhotel Loew's Merkur (Pillenreuther Straße), das Wöhrdersee Hotel Mercure Nürn-

Bild oben: Feines Haus mit ebenso langer wie turbulenter Geschichte: Das „Grand Hotel" am Hauptbahnhof beherbergte hinter der roten Sandsteinfassade schon viele prominente Namen.

berg (Dürrenhofstraße), das Concorde Hotel Viva (Sandstraße). Es gibt aber noch etliche Vier-Sterne-Hotels mehr ...

Vier Sterne und Dürer: Das Dürer-Hotel liegt am Fuße der Kaiserburg und ganz nahe beim Albrecht-Dürer-Haus mit herrlichem Blick über die Altstadt.

Vier Sterne und Erlebnis: Das Hotel Drei Raben (Königstraße) ist Nürnbergs erstes Themenhotel. Drei Raben sitzen auf dem Schornstein und erzählen in jedem Zimmer eine andere Geschichte aus Nürnbergs Sagen- und Mythen-welt. Mal erzählen diese Raben von mittelalterlichen Legenden wie denen vom Raubritter Eppelein, mal vom neu-zeitlichen Mythos des „Clubs".

Vier Sterne und Romantik: Das kleine Romantik Hotel Gasthaus Rottner (mit 66 Betten) bietet außen altfränkischen Charme, innen zeitgemäßen Service. Das Restaurant des Hauses im Stadtteil Großreuth (Winterstraße) findet sich in

Fachwerk und Altstadtidylle mit Blick auf die Türme der Sebalduskirche: Das Hotel Elch liegt in der Irrerstraße.

Gastro-Hitlisten. Im Sommer genießt man hier unter Linden im Garten.

Vier Sterne und Design: Der Schindler-hof in Nürnberg-Boxdorf ist ein Haus für Ästheten. Die mit minimalistischem (dennoch keineswegs kühlem) Design gestalteten Räume sind dem Japan-garten zugewandt. Viel Glas, viel Licht und viel guter Geschmack. Das Hotel Schindlerhof belegte schon mehrfach den ersten Platz beim Grand Prix der „Ausgewählten Tagungshotels zum Wohlfühlen".

Vier Sterne und präsidiabel: Hier im Maritim Hotel stieg sogar schon Bill Clinton ab. Neben der Royal Suite gibt es noch 316 elegant eingerichtete Zimmer. Treffpunkt für Nachtschwärmer ist die Hotelbar „Nürnberg Treff" – die Trendbar der Stadt.

Kaiser und König: Das Hotel Deutscher Kaiser in der Königstraße gibt es „erst" seit 1889. Mit seiner historisierenden neugotischen Fassade gilt dieses Drei-Sterne-Haus als ein architektonisch besonders gelungenes Beispiel des sogenannten „Nürnberger Stils".

Irre, ein Elch: Das Hotel Elch liegt in der Irrerstraße, mitten im idyllischen Burgviertel. Das altfränkische Fachwerkhaus wurde schon 1342 als Gasthaus erwähnt.

Besonders zentral: Wer mitten in der Altstadt übernachten will, kann das (nomen est omen) im Hotel Central in der Augustinerstraße oder im Hotel am Schönen Brunnen direkt am Hauptmarkt. Mittendrin sind auf der Lorenzer Stadtseite das Merian-Hotel am idyllischen Unschlittplatz, das moderne Hotel-Café Lucas in der Kaiserstraße, das Romantikhotel am Josephsplatz und das Hotel garni Avenue (ebenfalls am Josephsplatz), das Hotel Victoria in der Königstraße sowie die „Pension Altstadt" in der Hinteren Ledergasse.

Bei der Burg: Neben dem bereits erwähnten Dürer-Hotel und dem Hotel Elch liegen auch das Hotel garni Burghotel (Lammsgasse) und das Hotel Agneshof (Agnesgasse) ganz nah bei der Burg und beim Dürerhaus. Noch näher dran ist das „Burg-Hotel Stammhaus" in der Schildgasse.

Jugendherberge: Die Nürnberger Jugendherberge zählt sicher zu den schönsten Deutschlands. Sie ist in der über 500 Jahre alten Kaiserstallung der Burg, fast auf dem höchsten Punkt der Altstadt, untergebracht. Hinweis für Nachtschwärmer: Erst um 1 Uhr wird geschlossen. Infos unter Telefon 09 11/23 09 36-0.

Jugend-Hotel: Das sehr schön in einem Wäldchen gelegene Jugendhotel (Rathsbergstraße) ist das richtige Hotel für „junge" Portemonnaies.

Camping: Einen ganzjährig geöffneten Campingplatz bietet Nürnberg mit dem Knaus-Campingpark am Dutzendteich.

Etwas im Umland? Kein Problem, denn auch dort gibt es ein breites Übernachtungsangebot bis hin zu etlichen Vier-Sterne-Häusern. Der Nahverkehr in der Metropolregion Nürnberg ist sehr gut ausgebaut, sodass man auch ohne Auto ganz schnell nach Fürth, Erlangen, Schwabach, Roth oder in eine der anderen Städte und Gemeinden um Nürnberg (oder zurück) kommt.

Eine der schönsten Jugendherbergen Deutschlands ist in der Kaiserstallung der Burg untergebracht.

Essen und Trinken: Bratwurstküchen und Feinschmeckerlokale

Die Gastronomie in Nürnberg: Das sind natürlich die traditionellen Bratwurstküchen, das ist altfränkische Küche mit Fränkischer Schlachtplatte, „Schäufele" und „Sauerbraten mit Kloß und Soß" – einerseits. Andererseits ist Nürnberg eine junge und quicklebendige Großstadt, Messe- und Tagungsstadt, mit Trendlokalen und todschicken Bars reich gesegnet. Und die ganz feine Küche findet man in Nürnberg sowieso.

Typisch fränkische Küche ist deftig und reichhaltig. Die kleine Nürnberger Rostbratwurst ist beim Besuch der Stadt ein „Muss". Das „Schäufele", eine gebratene Schweineschulter, ist neben dem Schweinebraten das Lieblingsessen jedes „richtigen" Franken. Sogar den Lebkuchengeschmack findet man (und zwar zu jeder Jahreszeit) in der Soß vom Kloß des Sauerbratens.

Was dem Schweden die Elchjagd, ist dem Franken die Karpfensaison. Die beschränkt sich auf die acht Monate mit einem „r" im Namen und führt zu einer für Nicht-Einheimische nicht immer nachvollziehbaren Begeisterung für Karpfen-Essen, die der Großstädter nicht ungern in kleinen Lokalen auf dem Lande genießt.

Mitten in der Stadt feiern die Nürnberger dagegen ein anderes fränkisches Produkt – den Spargel. Bei den Spargeltagen auf dem Hauptmarkt werden zum „weißen Gold" sogar Bratwürste serviert – ein wirklich unerwarteter Genuss. Dazu trinkt man eines der vielen fränkischen Biere oder einen köstlichen Frankenwein.

Bild oben: Typisch fränkische Küche verspricht das Restaurant „Baumwolle".

Natürlich bietet eine Großstadt wie Nürnberg Gastronomie jeder Couleur und Herkunft – vom feinen Italiener über ceylonesische Genüsse bis zum persischen Restaurant.

Die folgenden Gastro-Tipps gelten aber vor allem jenen Restaurants und Gaststätten, die Städtereisende besuchen, weil sie Nürnberg-Typisches oder besonders feine Küche finden wollen.

Der Pegnitz ganz nah: Auf der Terrasse des Café Lucas unter der Victoria des Kriegerdenkmals an der Kaiserstraße.

Schaffte mit kreativer fränkischer Küche schon einige Medienschlagzeilen – das Essigbrätlein am Weinmarkt.

Gastro-Tipps

Den Überblick im Web: Gastronomie von A bis Z mit Kurzporträt und Bild – unter www.tourismus.nuernberg.de

Bratwurstküchen: Sie wurden in diesem Führer schon im Kapitel „Nürnberg speziell" unter dem Titel „Rostbratwurst und Lebkuchen: Nürnbergs weltberühmte Exportartikel" vorgestellt.

Feine Küche im Burgviertel: 1996 war es, da speisten Bundeskanzler Helmut Kohl und sein nicht minder verwöhnter Gast François Mitterrand im „Sudhaus" an der Bergstraße. Wer will, kann sich nach wie vor mit Variationen von der Rostbratwurst, von Weidelamm oder Pot au feu von heimischen Flussfischen verwöhnen lassen. Unweit entfernt ist die Albrecht-Dürer-Straße: Dort genießt

Im „Goldenen Posthorn", gleich gegenüber der Sebalduskirche, werden die
Bratwürste auf Buchenholz gegrillt.

man in der „Albrecht-Dürer-Stube"
feine bayerische und fränkische Küche
in historischem Ambiente. Am nahen
Weinmarkt: das „Essigbrätlein", ein
„Leuchtturm" neuer Küche in Nürnberg
(Weinmarkt 3) sowie das „Restaurant
Sebald" (Weinmarkt 14). In der an-
grenzenden Irrerstraße 2–4 mundet
die feine französische Küche des
„Prison St. Michel" (nicht mal teuer).

Historisch: Direkt im Alten Rathaus
gibt es beim „Spießgesellen" zu fränkischer und süddeutscher Küche schau-
spielerische Einlagen. Zum Feiern geht
man in den Festsaal, dort speist man
sogar von edlem Prunkgeschirr.

Mit Hausbrauerei: Weit oben in der
Bergstraße liegt der „Altstadthof".
Seine Gäste genießen das historische
Umfeld und die dortige Hausbrauerei.

Feine Küche in der Lorenzer Altstadt:
Die „Restauration Fischer" in der
Schottengasse ist ein Spitzenrestau-
rant in einem alten Fachwerkhaus.
Der Meister zelebriert Kochkunst in
der offenen Show-Küche.

Feine Küche in St. Johannis: Das
„Wonka" (Johannisstraße) verwöhnt
Gourmets mit außergewöhnlichen
Kompositionen.

Im Festsaal des „Spießgesellen" im Alten
Rathaus speist man fränkische Spezialitäten von edlem Prunkgeschirr.

Feine Küche, weiter draußen: Es muss ja nicht immer Altstadt sein. Ein paar Beispiele: Bilderbuchfranken außen und einen kulinarischen Höhepunkt innen findet der Gast im Großraum Nürnberg im „Gasthof Rottner" in Großreuth. Die Verbindung von altfränkischem Flair und feiner Küche erlebt man in Kraftshof im Feinschmeckerlokal „Schwarzer Adler" oder in der direkt benachbarten „Alten Post" (Tipp für den Verdauungsspaziergang: Die sehenswerte Wehrkirche von Kraftshof liegt gleich nebenan). Kraftshof liegt im Knoblauchsland und damit im Nürnberger Norden – wie Boxdorf, wo das schicke „Landhotel Schindlerhof" für sein Ambiente ebenso viel Lob einheimst wie für die leckere Küche. Im Süden von Nürnberg liegt Stein – und das Restaurant „Altes Spital", das feinste regionale Küche in historischem Ambiente verspricht. Und im Osten tafelt man exquisit im noblen Rahmen von „Schloss Reichenschwand".

Feine Küche im Nobelhotel: Ins Hotel, aber nur zum Essen? Empfiehlt sich sehr im „Grand Hotel", in den „Nürnberger Stuben" im Maritim Hotel, im „Arve" im messenahen Arvena Park, im Restaurant „Pfeffermühle" des Arotel und natürlich auch im „Tafelhof" des Sheraton Hotel Carlton.

Biorestaurant: Das „Wittmanns bio essen+trinken" in der Beckschlagergasse ist das erste voll zertifizierte Bioland-Restaurant der Region.

Ritteressen: In der „Alte Küch'n & Im Keller" (in der Albrecht-Dürer-Straße 3)

Literatur-Abende, Kaffeehausatmosphäre und dazu noch gute Gastronomie bietet das Café Literaturhaus in der Luitpoldstraße nur wenige Schritte vom Hauptbahnhof entfernt.

erwartet den Gast mit dem Ritteressen eine Herausforderung. Die Gänge des kulinarischen Hauens und Stechens müssen ohne Gabel bewältigt werden.

Typisch fränkisch: Die „Baumwolle" in der Adlerstraße ist ein typisch fränkisches Lokal mit nur wenigen Plätzen und kleiner Auswahl, aber mit deftigem und gutem Essen. Hier führen Nürnberger gern ihre Gäste hin.

Unter Eingeborenen: Die „Hütt'n" in der Burgstraße – wenn man „richtige" Nürnberger treffen will. „Das letzte Wirtshaus in der Innenstadt", so ein Restaurant-Report. Heißt: gehaltvolle fränkische Küche, wechselnde fränkische Biere und Brände aus der Fränkischen Schweiz.

Café mit Literatur: Das „Literaturhaus" ist ein Café-Restaurant in der Luitpoldstraße. Das Besondere? Lesungen mit jungen oder arrivierten Literaten zu bestimmten Terminen. Infos gibt es unter Telefon 09 11/2 34 26 58.

Schöner Schattenplatz im Hanselhof des Heilig-Geist-Spitals – drinnen ist es voller.

Café mit Kunst: Das „Lorenz" am Lorenzer Platz hat es immerhin schon mal in den Marco-Polo-Guide „Die tollsten Restaurants in Deutschland" geschafft. Dass Kunst über dem Tresen hängt, ist heute keine Sensation mehr, wird aber dennoch gern gesehen.

Torten-Tempel: Zwischen Sebalduskirche und Spielzeugmuseum lockt Süßes aus der Confiserie Neef. Kuchen und Kleingebäck der Backstube in der Winklerstraße holen häufig Preise. Die Lebkuchen des Chefs brachten schon Goldmedaillen des bayerischen Bäckerhandwerks ein. Die Confiserie Neef ist montags bis freitags von 8 bis 18 Uhr, samstags von 7 bis 17 Uhr geöffnet.

Tolle Terrassen: Von der Dachterrasse der „Skybar" im Admiral (Königstraße, gleich neben der Lorenzkirche) genießt man eine schier unglaubliche Aussicht auf die Burg. Von der Terrasse des „Alex" am Hauptmarkt hat man den freien Blick auf die Frauenkirche und den Schönen Brunnen.

Draußen sitzen, Nürnberg sehen: Viel schöner kann der Sommer kaum noch werden: Von der Sonnenterrasse des „Café Lucas" (Kaiserstraße) schaut man auf die beiden Türme der Sebalduskirche einerseits und die Victoria des Kriegerdenkmals in der Adlerstraße andererseits. Vor dem „Bratwurst Röslein" sitzt man mit Blick auf den gotischen Trakt des Alten Rathauses; vor dem „Goldenen Posthorn" mit Aussicht auf St. Sebald. Der Sitzplatz vor dem „Bratwursthäusle" sichert den freien Blick auf die Renaissancefassade des Alten Rathauses. Gäste im „Burgwächter" schauen auf die Burg und den Sinwellturm. Eine Alt-Nürnberger Institution ist das Traditionslokal „Schlenkerla" am Tiergärtnertorplatz: Dort genießt der Gaumen das Bamberger Rauchbier und das Auge den

Blick auf Dürerhaus, Tiergärtnertorturm und Burg. Von den Freiluftplätzen beim „Café am Trödelmarkt" schaut man auf das Weinstadel-Ensemble an der Pegnitz und unter drei Brücken hindurch. Das Grün des Barockgartens hat man – mit einem Platz im Freien – bei der „Kaffeestube am Hesperidengarten" vor Augen.

Biergarten: Noch mehr zum Draußensitzen – und wo wäre das schöner als im Biergarten? Tipps in der Nürnberger Altstadt: Auf Sitzplätzen im Wehrgang der alten Stadtmauer genießt man in der „Restauration Kopernikus" im Krakauer Haus (Hintere Insel Schütt). Am Pegnitzdurchfluss der Stadtmauer am Kettensteg bewirtet der Biergarten gleichen Namens. Das „Hexenhäusle" beim Vestnertor bietet 400 lauschige Sitzplätze mit einem schier unglaublich romantischen Burgblick.

Ein lauschiges Plätzchen ist auch der Biergarten der „Finca & Bar Celona"

Dem Himmel so nah: Blick auf Burg und Sebalduskirche von der schicken Terrasse der Skybar des Admiral-Kinocenters.

(Vordere Insel Schütt): Er liegt direkt am Ufer der Pegnitz. Das „Tucherbräu am Opernhaus" ist eines der traditionsreichsten Gasthäuser in Nürnberg mit idyllischem Biergarten nah beim Hauptbahnhof. Ebenfalls in Bahnhofsnähe ist der Biergarten des „Marientorzwingers" auf der Stadtmauer an der Lorenzer Straße.

Mitten im Mittelalter: Der Nassauer Turm bei der Lorenzkirche ist der letzte mittelalterliche Wohnturm Nürnbergs. Im „Nassauer Keller" isst man in 800 Jahre alten Gewölben und Mauern. Unter 600 Jahre altem Sandsteingewölbe des „Kellerlokals Raubritter" kann man schon ab zwei Personen ein originelles Ritteressen ordern (Untere Schmiedgasse 4). 650 Jahre alt ist das Gewölbe des „Restaurants Kaiserburg" in der Oberen Krämersgasse.

Das „Bratwurst Röslein" ist das größte Bratwurstrestaurant der Welt.

Tiergarten: Die Waldschänke im Tiergarten ist ein altfränkisches Wirtshaus (es steht unter Denkmalschutz) mit einer 250-jährigen Eiche im Biergarten.

Vampire in der Mördergrube: Ein Wirtshaus zur Mördergrube, einen Tanz der Vampire oder ein Ritteressen: Das ist Erlebnisgastronomie im historischen „Brandenburger Wirtshaus" (Reichelsdorfer Hauptstraße).

Clubspieler und Karpfen: Von außen ist der „Bahnhof Dutzendteich" nicht unbedingt ein Magnet, im bürgerlichen Speiselokal trifft man sogar Bundesliga-Fußballer des „Clubs". Besonders zur Karpfenzeit ein beliebtes Lokal.

Museumsnah: Das „Aumers la Vie" (feine Küche) liegt direkt neben dem Germanischen Nationalmuseum (Kartäusergasse 11).

Erstes Kennenlernen: Touristen ohne Ortskenntnis landen häufig erst einmal im „Bratwurst Röslein" am Rathausplatz – dem größten Bratwurstrestaurant der Welt oder auf einem der 320 Plätze des „Heilig-Geist-Spitals". Das ist wahrlich kein Schaden, denn beide bieten solide fränkische Küche und zudem viele Sitzplätze im Freien.

Busgruppen: Reisegruppen haben im „Barfüßer", dem Bierlokal in der Mauthalle (bei der Lorenzkirche), wirklich ausreichend Platz. Im mittelalterlichen Keller findet man über 500 Plätze.

Unbedingt lesen und hören: „Das neue Nürnberger Kochbuch" nennen sich zwei Rezeptsammlungen mit dem Titel „Sadd & Dsufriedn" (Übersetzung: Satt und zufrieden), Band 1 mit 116 Gerichten, Band 2 mit 101 Gerichten und 25 Liedern auf einer beigefügten CD. Alles unter dem Motto: Nicht nur das Auge, auch das Ohr isst mit. Auch bei den „Tourist Informationen" erhältlich.

Einkaufen zwischen Ritterrüstungen, Blechspielzeug und Dürer-Hase

Einkaufen gehört in Nürnberg zum Stadtbild. Am Hauptbahnhof begrüßt die Stadt ihre Gäste mit dem Handwerkerhof, die rot-weiß gestreiften Dächer der Marktbuden sieht man vor der Lorenzkirche, auf der Museumsbrücke und auf dem Hauptmarkt. In der Altstadt findet man spezielle Nürnberger Einkaufserlebnisse von Antiquitäten bis Zinnfiguren und in der weitläufigen Fußgängerzone das vielfältige Angebot einer pulsierenden Großstadt.

Man sollte sich nicht wundern, wenn man beim Bummel im Nürnberger Burgviertel auf einmal einen Ritter im Kettenhemd im Schaufenster stehen sieht. Dem romantischen Umfeld und den zahllosen Touristen aus aller Welt ist es wohl geschuldet, dass unter der Kaiserburg etliche Antiquitätenläden und Antiquariate zu finden sind. Und in der Stadt Albrecht Dürers braucht man sich nicht weiter zu wundern, wenn in der Feinkostabteilung eines namhaften Kaufhauses der Feldhase des großen Malers ein Wein-Etikett schmückt und derselbe Hase andernorts als Nürnberg-Souvenir in bunten Plastikausführungen angeboten wird.

Aber auch das ist typisch für das Shopping in Nürnberg: Marktbuden mit den einheitlich in den Stadtfarben Rot und Weiß gestreiften Stoffdächern begleiten den Besucher durch das Zentrum der Stadt. Der (bis auf Sonntag) tägliche Markt ist eine viel fotografierte Touristen-Attraktion.

Die rot-weißen Buden kennzeichnen aber nur einen Teil der Fußgängerzone, die sich in Nürnberg durch weite

Bild oben: Im idyllischen Burgviertel gibt es viele Souveniers zu entdecken – sogar Ritterrüstungen.

Die bekannten Dürer-Hasen aus Plastik von Ottmar Hörl findet man im Dürer-Shop gleich gegenüber des Dürerhauses.

Teile der Altstadt zieht. Von der Lorenz-kirche bis zum Jakobsplatz, von der Mauthalle bis zur Sebalduskirche ist autofreier Shopping-Bummel möglich. Hier ein paar Tipps für das lustvolle Einkaufen in Nürnberg.

Eine große Auswahl an Blechspielzeug entdeckt man im Handwerkerhof. Man kann hier auch historisches Spielzeug schätzen oder reparieren lassen.

Einkaufs-Tipps

Markt: Prägend für Nürnberg sind die rot-weißen Dächer der Marktstände. Ganzjährig von Montag bis Samstag von 8 bis 18 Uhr locken kulinarische Genüsse auf den Hauptmarkt. Wenn dort Veranstaltungen stattfinden, weichen die Buden in umliegende Straßen aus.

Hauptmarkt: Hier kauft man frisches Gemüse aus dem Knoblauchsland und Spezialitäten wie Hopfensprossen oder Bamberger Hörnchen (Kartoffeln).

Handwerkerhof: Gleich gegenüber dem Hauptbahnhof nimmt der Handwerker-hof beim Dicken Turm die Besucher Nürnbergs in Empfang. Von Kunsthand-werk (Töpfer und Glasmaler, Puppen-macher, Zinngießer, Goldschmiede und mehr) bis zu altem Schuco-Blech-spielzeug reicht das Angebot. Der Handwerkerhof ist von Mitte März bis zum 24. Dezember geöffnet.

Alles zum Thema Franken finden Besucher Nürnbergs im „Franken-Lädla" gleich unterhalb der Kaiserburg am Tiergärtnertorplatz.

Typisch Franken: Die ganz eigene Welt der Franken lernt man am besten im Franken-Lädla (Obere Schmiedgasse 54) unterhalb der Kaiserburg kennen. Von der Fränkischen Flagge bis zum T-Shirt mit originellem Text gibt es hier alles, was das fränkische Herz höherschlagen lässt. Leider hat der Laden nur am Mittwoch, Freitag und Samstag geöffnet. Frankenliebhaber können auch über den Internetshop einkaufen (www.frankenland-versand.de).

Fan-Shop des Club: Fußball-Fans zieht es an den Jakobsplatz. Denn das Club-Logo (in der Schlehengasse) verrät es: Hier findet man den Fanshop des 1. FC Nürnberg (Eingang: Ludwigstraße 46). Was folgt, ist nicht selten ein „Kaufrausch in Rot und Schwarz". Weitere Infos unter www.fcn-fan-shop.de

Lebkuchen: Kleine Lebkuchenläden findet man im Stadtzentrum das ganze Jahr über. Viele Informationen zu den Nürnberger Lebkuchen erhält man im Web (www.lebkuchen.de).

Ganzjährig Weihnachten: Käthe Wohlfahrts Weihnachtsfachgeschäft (mit Stammsitz in Rothenburg) ist ganzjährig in der Weihnachtsstadt Nürnberg vertreten (Königstraße). Nicht nur Kinder sind hin und weg.

Modelleisenbahnen: Hier halten Ehefrauen ihre Männer fest oder ganz fern: Eisenbahn Dörfler ist ein alteingesessenes Nürnberger Spezialgeschäft für Modellbahnen und Zubehör mitten in der Altstadt (Färberstraße).

Dr. Mausers Knochenöl: Die „Bindergass-Apotheke zum Gold'nen Stern" gab es schon im 17. Jahrhundert. Hier füllt man Dr. Mausers Knochenöl ab. Hilft gegen alle Gelenkschmerzen (in der Bindergasse).

Ur-Nürnberg: Ur-Nürnberger Institution und „fränkisches Brotparadies" ist der Laden der Geschwister Schwarz in der Winklerstraße, gleich beim Hauptmarkt. Bei „Schwarz Nikolaus" gibt es ein breites Sortiment von typisch fränkischen Bauern- und Gewürzbroten – sie schmecken noch wie früher. Und zur Brotzeit gibt es gleich noch köstliche fränkische Wurstspezialitäten wie zum Beispiel die Krautwurst.

„Samenbank": „Samen Edler" ist ein originelles und traditionell geführtes Spezialgeschäft mit einer riesigen Auswahl an Sämereien – und das mitten in der Großstadt. Diese Nürnberger „Samenbank" findet man in der Hans-Sachs-Gasse 7.

Genuss: Delikate Mitbringsel oder Genussvolles zum Selberessen – im „delikatEssen" (Weinmarkt 14) fällt einem die Auswahl schwer. Hier findet man das „Besondere" – vom Avocadoöl bis zur Zwiebelkonfitüre.

Kulinarisch Außergewöhnliches im ansprechenden Ambiente finden echte Feinschmecker im „delikatEssen" am Weinmarkt 14.

Gewürze: „Der wohl beste Pfeffer der Welt" (so das Etikett) wird bei „Wurzelsepp" an der Fleischbrücke verkauft.

Museumsshops: Der Designshop ist der schicke Museumsladen des Neuen Museums (Luitpoldstraße). Im Dürer-Shop beim Dürerhaus gibt es Souvenirs bis hin zum Rhinozeros-T-Shirt. Im Shop des Spielzeugmuseums findet man originelle Mitbringsel. Viel Auswahl: Der Shop im Germanischen Nationalmuseum lässt seine Besucher so schnell nicht wieder los.

Älteste Buchhandlung: Am Hauptmarkt bei „Korn & Berg" finden auch Touristen sicher das richtige Buch. Die älteste Buchhandlung Deutschlands wurde bereits 1531 gegründet.

Einkaufszentrum einer ganzen Region: die Nürnberger Fußgängerzone.

Hofladen: Gleich neben dem Handwerkerhof traut man seinen Augen nicht – hier gibt es doch tatsächlich, im „Hofladen frankenFein" Whisky, der in Franken gebrannt worden ist. Besonders empfehlenswert auch das original Bauernhofeis – man schmilzt einfach dahin.

Beim Ehekarussell am Weißen Turm: Das Stammhaus des Modehauses Wöhrl lockt mit einer großen Auswahl.

Schmuck: Suchen Sie ausgefallene Ohrringe? Dann sind Sie richtig bei „Schmucksachen" am Rathausplatz. In dieser Goldschmiede wird alles noch mit der Hand gefertigt.

Mode: Beim Ehekarussell am Weißen Turm steht das Stammhaus des Modehauses Wöhrl. Die Ehemänner meiden diesen Ort. Denn hier werden Damen mit dem neuen Konzept des Erlebniseinkaufs umgarnt – buchstäblich.

Antik und Antiquariat: Nürnberg ist ein Eldorado für Antiquitätensammler und Bibliophile. Besonders dicht ballen sich Antiquitätenläden und Antiquariate im Burgviertel.

Souvenir, Souvenir: Die Nürnberger Souvenirs findet man in etlichen Geschäften der Altstadt – das Reinschauen lohnt sich außerdem jeweils bei den „Tourist Informationen" der Congress- und Tourismus-Zentrale in der Königstraße und am Hauptmarkt.

Die Nürnberger Sehenswürdigkeit gegenüber dem Hauptbahnhof!

Handwerkerhof Nürnberg
am Königstor

»**Die kleine Stadt am Königstor**« bietet in schönen Fachwerkhäusern traditionelle **Handwerkskunst in „lebenden" Werkstätten.**

Bummeln, schauen und gut einkaufen - sich in historischer Umgebung wohlfühlen und die **Gastlichkeit und fränkische Gemütlichkeit** genießen - das ist das Motto des »Handwerkerhof Nürnberg«.

Öffnungszeiten: 20. März - 31. Dez., Mo.– Sa. (Sonntage, Feiertage geschlossen; Läden: 10 –18.30, Sa., 10 –16 Uhr, Gaststätten: 10.30 – 22 Uhr

Wohin am Abend? Kulturtempel und Kinopalast, Kabarett und Kneipen

Wenn es um die Lebensqualität geht, rangiert Nürnberg auch im weltweiten Städtevergleich ganz vorn. Wie man hier am Abend ausgehen kann, hat dazu beigetragen. Auch Gäste der Stadt genießen das Angebot – in der Bandbreite von Hochkultur in Staatsoper, Schauspielhaus oder Meistersingerhalle bis zu Kabarett und Kinowelten. Wer es sucht, findet sogar „richtiges" Nachtleben.

Wer die diversen Nürnberger Veranstaltungskalender und Programmbroschüren durchblättert, ist einerseits von der Fülle an Theater, Konzerten und Kabarett, Ausstellungen und Aktionen, Ausgehtipps vom Kinoprogramm bis zu den angesagten Bars erst mal erschlagen. Andererseits: Der „normale" Städtetourist hält sich durchschnittlich nur knapp zwei Tage in der Frankenmetropole auf – was in der Regel dazu führt, dass er mit Tipps zu den wichtigsten (oder bekanntesten) Adressen zufrieden sein dürfte.

Ohnehin kaum zu übersehen ist das Staatstheater am Altstadtring nahe des Hauptbahnhofs. Am Richard-Wagner-Platz spielt die Staatsoper Nürnberg im 1905 errichteten Prachtbau, einem der schönsten Theaterbauten Deutschlands. Weniger formschön, aber kaum weniger markant ist der gegenüberliegende, mit Ziegelornamenten verzierte riesige Kubus des Schauspielhauses. Hier inszenieren außerdem die Kammerspiele in intimem Rahmen Stücke in kleinerer Besetzung. Neben dem Musik- und Sprechtheater steht Tanztheater auf dem Spielplan des Staatstheaters Nürnberg – es ist also

Bild oben: Inszenierung des Balletts des Staatstheaters Nürnberg, eines der großen deutschen Drei-Sparten-Häuser.

Bundesweit einer der schönsten Theaterbauten: die 1905 erbaute Staatsoper
am Richard-Wagner-Platz.

eines der großen Drei-Sparten-Häuser
Deutschlands. Das Philharmonische
Orchester des Staatstheaters Nürnberg
wurde schon 1981 in die Spitzenklasse
deutscher Kulturorchester eingestuft.
2005 wurden am Staatstheater erstmals Internationale Gluck-Festspiele
veranstaltet. Denn der Komponist, ein
Zeitgenosse und Vorbild Mozarts, ist
zwar kein Nürnberger, stammt aber
immerhin aus der nahen Oberpfalz.

Klassische Musik bietet Nürnberg aber
auch in der Meistersingerhalle im
Luitpoldhain beim Dutzendteich. Die
im Jahr 1963 eröffnete Meistersingerhalle wird multifunktional (auch für
Kongresse und Tagungen) genutzt.
Gleiches gilt für die Frankenhalle im
nahen Messezentrum, in der große
Rockkonzerte stattfinden.

Eine kleine, aber landesweit bekannte
Spielstätte ist das Burgtheater in der
Füll 13. Nur ein paar Plakate mit
Gesichtern bekannter Kabarettisten
weisen darauf hin, dass man unter

der Burg eine Kleinkunst-Hochburg
findet. Fränkische Kabarettisten und
bundesweit bekannte Stars der Szene
geben sich im Burgtheater die Klinke
in die Hand. Die nötigen Auskünfte
zum Programm erhält man unter
Telefon 09 11/22 27 28 oder im Web
(www.burgtheater.de).

Eine weit über Nürnberg hinaus bekannte Hochburg der Filmkunst liegt
am Gewerbemuseumsplatz. Mit 5000
Sitzplätzen in 21 Sälen ist das dortige
Cinecitta der größte Kinokomplex
Deutschlands. Im IMAX am Cinecitta
findet man die bundesweit größte
Kinoleinwand, Filme in 2D und 3D und
das Kinoerlebnis einer Kuppellein-
wand. Im MAD Simulationskino wird
die Illusion auf die Spitze getrieben:
Die Zuschauer sitzen auf beweglichen
Stühlen und werden deshalb körper-

Das Cinecitta am Gewerbemuseumsplatz ist Deutschlands größter Kinokomplex.

lich ins Geschehen auf der Leinwand einbezogen. Nach (oder vor) dem Besuch eines Films im Cinecitta laden Restaurants, Cafés sowie ein Dutzend Bars im Kinokomplex ein. Die Aussicht von der Dachterrasse bietet (so die Eigenwerbung) „den wohl schönsten Blick über die Altstadt".

Nürnberg bietet etliche weitere Kinos, auch an schicken Bars und Kneipen herrscht kein Mangel. Die sind über die ganze Altstadt (und drum herum) verstreut. Was nicht verschwiegen werden darf: Nürnberg hat sogar ein richtiges Rotlichtviertel. Es gehört, wie es ein Gastronom formulierte, „seit dem Mittelalter krisenfest zur Stadtmauer", an der es sich heute noch (entlang der Frauentormauer) befindet. Selbst wenn man(n) dort nicht hingeht: Interessant ist der Pragmatismus, mit dem die Nürnberger bis 1470 ihre städtischen Frauenhäuser betrieben. Wer Schulden hatte, konnte seine Frau oder Tochter an den „Frauenwirt" versetzen, bis ein Darlehen abbezahlt war – ohne dass den Damen dadurch die Rückkehr ins bürgerliche Leben verwehrt gewesen wäre. Sogar Kaiser Maximilian I. von Habsburg soll die so tätigen schönen Nürnbergerinnen gepriesen haben. Heute aber ginge er natürlich nicht mehr zur Frauentormauer, sondern in die nahegelegene Staatsoper.

Der Schein trügt: Nicht immer ist Nürnbergs Nachtleben so harmlos, wie diese Werbetafel einer Bar im Rotlichtviertel an der Frauentormauer wirkt.

Ausgeh-Tipps

Kartenvorverkauf: Vorverkaufsstellen für Kultur-Tickets gibt es in Nürnberg bei den hier genannten Adressen:

Kultur Information Nürnberg
in der „Nürnberg Info"
Königstraße 93
Telefon 09 11/2 31-40 00

Staatstheater Nürnberg
Richard-Wagner-Platz 2–10
Telefon 0180/5 23 16 00
Eintrittskarten für das Staatstheater kann man auch online buchen unter:
www.staatstheater-nuernberg.de

NN Ticket-Corner
Mauthalle 2
Telefon 09 11/2 16-22 98 oder -22 99

Karstadt-Servicezentrum Nürnberg
Königstraße 14 (im 2. Obergeschoss)
Telefon 09 11/2 13-20 50

Nürnberg Ticket, im U1 fashion store
Ludwigsplatz 12–24
Telefon 09 11/2 41 85 22

Tourist Information in der Nürnberg Info (hier gibt es Karten für das Museumstheater)
Königstraße 93
Telefon 09 11/23 36-132

Rollstuhlfahrer: Ein prima Service des Staatstheaters für Rollstuhlfahrer – die Freikarte für eine Begleitperson und Rollstuhlplätze in der Staatsoper, im Schauspielhaus und in den Kammerspielen erlauben Kultur ohne Handicap.

Veranstaltungsprogramme: Jeweils in der „Tourist Information" in der Königstraße und am Hauptmarkt erhält man die Broschüre „Veranstaltungen" der Städteregion Nürnberg. Ebenfalls mit „Veranstaltungen" betitelt das Amt für Kultur und Freizeit der Stadt Nürnberg ein Programmheft. Der im Buchhandel, bei Veranstaltungen und in Lokalen erhältliche „Doppelpunkt" („Magazin für Kultur in Nürnberg – Fürth – Erlangen") ist fast so dick wie ein Buch. Im Zeitschriftenhandel bekommt man das umfassende Stadtmagazin „Plärrer". Alle Publikationen erscheinen monatlich.

Veranstaltungen im Web: Die Web-Adresse www.kubiss.de ist das zentrale Portal für Bildung und Kultur in Nürnberg. Hier surft man durch einen täglich aktuellen Veranstaltungskalender. Hier gibt es auch Infos zu Veranstaltungen in der Metropolregion. Aktuelle Veranstaltungstipps findet man auch unter: www.tourismus.de

Kinoprogramm: Neben dem Cinecitta hat Nürnberg mit dem Admiral-Kinocenter (Königstraße 9) einen zweiten Filmpalast zu bieten. Außerdem gibt es eine Reihe von kleineren (Programm-) Kinos. Zu den Filmen informieren die Tagespresse und die Kinoansage der Telekom, Telefon 01 90/05 55 55. Infos im Web: www.tourismus.nuernberg.de

Spielkasino: Manches gibt es sogar in Nürnberg nicht. Glücksspiel ist hier verboten – aber nicht im nahen Feuchtwangen. Die Bayerische Spielbank Feuchtwangen ist das bestbesuchte Kasino Bayerns.

Wann wo was los ist: Events vom Bardentreffen bis zum Burgtheater

Einige der Nürnberger Events sind die besten Botschafter der Stadt. Wenn der Christkindlesmarkt eröffnet oder der Deutsche Kabarett-Preis im Burgtheater vergeben wird, wenn Hunderttausende zum Bardentreffen und Zehntausende zu Rock im Park kommen, liest, hört und sieht man in den überregionalen Medien den Namen Nürnbergs. Es lohnt sich, ab und zu auf die Medien zu verzichten – und dafür die Nürnberger Veranstaltungen live zu erleben.

Wenn ein Nürnberger Urlaub plant, müsste er den idealerweise für Januar oder Februar terminieren. Denn schon ab März – beginnend mit dem Ostermarkt und an Weihnachten mit dem von zwei Millionen besuchten Christkindlesmarkt endend – zieht sich eine lange Liste, teils weit über die Stadtgrenzen hinaus, ausstrahlender Events und Veranstaltungsreihen durch den Kalender.

Zwei „M's" dominieren die Terminliste: „M" wie Markt, denn auf den Ostermarkt folgen Venezianischer Markt und Töpfermarkt, Trempelmarkt und Spargelmarkt, Herbst- und Christ-

kindlesmarkt. „M" wie Musik steht für das Bardentreffen, bei dem seit 30 Jahren Sänger aus vielen Ländern und der freie Eintritt rund 200 000 meist junge Menschen in die Altstadt locken. Zu den wenigstens national bekannten Musik-Events zählen aber auch die Konzerte der fast hundert Bands bei „Rock im Park". An diesen drei Tagen treffen sich etliche zehntausend Fans auf dem Zeppelinfeld

Bild oben: Die ganze Altstadt wird beim jährlichen Bardentreffen mit 200 000 Menschen zur „Konzerthalle" – hier der Blick auf den Sebalder Platz.

beim Dutzendteich. Musik, wenn auch ganz anderer Couleur, ist der Auslöser für einen Nürnberger Veranstaltungs-Superlativ: Die Internationale Orgel-woche ist das größte sowie älteste „Festival für Geistliche Musik" welt-weit. Seit über 50 Jahren sind bekann-te Künstler aus aller Welt zu Gast, die jeweils Ende Juni und Anfang Juli in den Kirchen der Altstadt und in der Meistersingerhalle auftreten.

Im Rahmen der „Kabarett-Tage" des Burgtheaters Nürnberg im Spätherbst vergibt die Stadt seit 1991 mit großer Medienresonanz einen „Deutschen Kabarett-Preis". Im selben Jahr wurden die Gostenhofer Jazztage aus der Taufe gehoben: Alle zwei Jahre im Herbst hört man seitdem in Kneipen, Clubs und Sälen in und um den Stadtteil Gostenhof Jazz auf hohem Niveau.

Ebenfalls im zweijährigen Turnus findet das Internationale Figuren-Theater-Festival Nürnberg statt: 50 Ensembles aus aller Herren Länder spielen unter anderem in der Tafelhalle. Mit seiner Blauen Nacht hat Nürnberg bewiesen, dass zwischen all dem noch Platz für Stadtkultur vom Feinsten bleibt. In der ganzen Altstadt und auf der Wöhrder Wiese gestalten Künstler ihr buntes Programm – bei dem die Hauptsache ist: Es hat irgendwas mit Blau zu tun.

Neben allen kulturellen Höhepunkten, neben Märkten und Volksfesten macht aber auch die Eigenschaft als Sport-stadt den Nürnberger Terminkalender für Besucher spannend. Abseits von Bundesliga-Fußball hat die Stadt noch einiges zu bieten.

In der höchsten deutschen Eishockey-Liga jagen die Nürnberg Ice Tigers erfolgreich dem Puck hinterher. Mit dem bereits legendären Norisring-Rennen steht Nürnberg seit mehr als 50 Jahren im internationalen Motor-sportkalender. 100 000 Motorsport-Fans auf der Tribüne des Zeppelinfelds begeistern sich dabei für die besten DTM-Piloten und deren Tourenwagen.

Für den Radsport begeistern sich die Zuschauer des traditionellen „Alt-stadtrennens". Startplatz ist der Haupt-markt und 20-mal geht es dann berg-auf und bergab durch die Altstadt.

Die nachstehenden Tipps gelten über-wiegend den „Klassikern" unter den Nürnberger Events. Es gibt aber in der Stadt noch viel mehr zu erleben, was den Weg wirklich lohnt.

Termin-Tipps

Termine im Web: Highlights von A–Z findet man unter: www.nuernberg.de, www.kubiss.de oder www.nuernberg-veranstaltungen.de

Termine im Prospekt: Die Termine in der „Städteregion Nürnberg – Fürth – Erlangen – Schwabach" findet man im monatlichen Veranstaltungskalender der Tourismuseinrichtungen der vier Städte – in Nürnberg bei der „Tourist Information" erhältlich.

Christkindlesmarkt: Infos zum Glanz-licht unter den Veranstaltungshöhe-punkten findet man in diesem Stadt-führer in einem eigenen Kapitel.

Spanferkel und Ochs vom Spieß auf der Insel Schütt – beim Altstadtfest.

Klassik: Mit dem „Klassik Open Air Nürnberg" beschenkte sich die Stadt zu ihrer 950-Jahr-Feier im Jahr 2000. Nürnberger Philharmoniker und Nürnberger Symphoniker locken mehr als 50 000 Zuhörer in den Luitpoldhain auf dem Gelände am Dutzendteich. Der Eintritt zum größten Klassik-Freiluftkonzert Europas ist frei.

Figuren-Theater: Das Internationale Figuren-Theater-Festival Nürnberg wird von der ganzen Städteregion getragen. 50 Ensembles aus ganz Europa zeigen alle zwei Jahre (2009 und folgende) die Kunst des Puppenspiels von der Handpuppe bis zur überlebensgroßen Figur.

Volksfeste: Das Frühlingsfest (von Ende März bis beinahe Mitte April) und das Herbstvolksfest (am Ende der Sommerferien) sind klassische Volksfeste bei der Kongresshalle am Dutzendteich. Mit seinem Altstadtfest macht Nürnberg in der zweiten Septemberhälfte dem Münchner Oktoberfest

Konkurrenz: Auf der Insel Schütt und auf dem Hans-Sachs-Platz gibt es Open-Air-Gastronomie mit Bier, Spanferkel und Ochsenfleisch.

Trempelmarkt: Den Nürnberger Flohmarkt gibt es gleich zweimal – erst im Mai, dann im September. „Erfunden" wurde er zum Dürerjahr 1971.

Blaue Nacht: Die Altstadt in Blau und zahlreiche Höhepunkte erleben. Infos unter: www.blauenacht.nuernberg.de

Tickets fürs easyCredit-Stadion: Karten der „Clubberer" für die Bundesliga-Spiele gibt es unter www.fcn-ticket.de oder per Telefon 09 11/21 73-333.

Tickets für die Eisarena: Karten für die Nürnberg Ice Tigers erjagt man übers Telefon 09 11/98 89 76 00 oder über das Web (www.icetigers.de).

easy**Credit** ®

Für Ihr Leben gut.

Der schönste
Himmel auf Erden ist
rot-schwarz.

easy**Credit** *Stadion*

© Foto Riese

1. FCN

Freuen Sie sich mit uns auf weitere
herausragende Momente des
1. FC Nürnberg im easyCredit-Stadion.

Im FinanzVerbund der
Volksbanken
Raiffeisenbanken

Wohin mit Kindern? Spannendes vom Spielzeugmuseum bis zum Tiergarten

Mit dem Tiergarten, dem Spielzeugmuseum und dem Kinoerlebnis IMAX im Cinecitta hat Nürnberg Familien mit Kindern ganzjährig drei große Zugpferde zu bieten. Tipps für Eltern sind aber auch andere Nürnberger Museen mit kindgerechten Angeboten, Veranstaltungen vom Kindertheater bis zum Christkindlesmarkt und Stationen auf dem Weg durch die Stadt, die auch der Nachwuchs spannend findet – vom Wunschring bis zum Teufelsbrunnen.

Kinder, zumal die kleineren, haben es meist nicht so mit Stadtbesichtigung, Gotik und Albrecht Dürer, Adam Kraft oder Veit Stoß. Jungen Eltern nützt diese Erkenntnis nur wenig, wenn der Nachwuchs während des Nürnberg-Aufenthalts sein Recht verlangt.

Für quengelnde Sprösslinge hat Nürnberg aber einiges zu bieten, was Kinder und Eltern gleichermaßen goutieren. Das Spielzeugmuseum in der Karlstraße ist so ein Ziel. Dass das Museum auf die 600-jährige Tradition der Spielzeugstadt Nürnberg hinweisen soll, ist den Kids vermutlich egal. Sie sind von Playmobil und Lego, Barbie und Matchboxautos begeistert, und der Tisch-Kicker im Kinderbereich „Kids on top" ist nur eines der Spielzeuge von heute, mit denen der Nachwuchs hier auch spielen darf. Die Väter begeistern sich derweil für Blechspielzeug der Marke Schuco, für alte Spielzeugeisenbahnen und für Zinnfiguren. Vormalige Puppenmütter bekommen bei Puppenküchen, porzellanköpfigen Puppenbabys oder Steiff-Bären leuchtende Augen.

Bild oben: Nicht nur Staunen, sondern auch Spielen ist im Spielzeugmuseum den Kindern erlaubt.

Spielzeugmuseum der Stadt Nürnberg
Karlstraße 13–15
Telefon 09 11/2 31-31 64
www.museen.nuernberg.de
Während des Christkindlesmarkts ist
das Museum auch am Montag von
10 bis 17 Uhr geöffnet, zur Spielwarenmesse täglich von 10 bis 20 Uhr.
Di – Fr 10 – 17 Uhr, Sa/So bis 18 Uhr

Ein Vorteil des Spielzeugmuseums: Es
liegt mitten im Zentrum und ist für die
Pause vom Sightseeing zu empfehlen.

Unweit davon entfernt finden Familien
das Cinecitta – einen Kinokomplex
am Gewerbemuseumsplatz. Er bietet
Besuchern jeden Alters Filmvergnügen
pur. Das Nürnberger IMAX-Kino ist
das größte Europas und befindet sich
komplett unter der Erde. Auf die über
1000 Quadratmeter große Leinwand
werden Bilder in unübertroffener
Größe projiziert – der Besucher ist
mitten im Geschehen. Kinder kommen
im IMAX an Orte, an denen sie nie
gewesen sind und wohl nie hinkom-

Der Nürnberger Tiergarten ist einer der
schönsten Zoos Europas.

men werden. Sie leben mit den Löwen
der Kalahari und besteigen den Kili-
mandscharo, schwimmen mit Walen
oder Haien im Ozean und fliegen durch
das Weltall. Eine Steigerung der In-
tensität des Kino-Erlebnisses bietet
darüber hinaus das MAD-Simulations-
kino. Die Besucher sitzen hier fest
angeschnallt auf den hydraulisch
bewegten Sitzen. Die ausgeklügelte
Software sorgt dafür, dass sich die
Zuschauer durch den Film „bewegen".
Man erlebt eine höllische Fahrt mit
einem Grubenwagen durch eine ver-
lassene Goldgräbermine oder findet
sich zwischen Dinosauriern auf einer
Vulkaninsel wieder.

IMAX am Cinecitta
Gewerbemuseumsplatz 3
Telefon 09 11/2 06 66-7
www.cinecitta.de
täglich von 10 bis 24 Uhr

Wem die Tiere im IMAX denn doch zu groß sind und das Geschehen auf der Leinwand zu lebhaft ist, kann die großen Tiere in aller Ruhe und live im Tiergarten Nürnberg erleben. Dieser Zoo zählt zu den schönsten Tierparks Europas. Auf 63 Hektar findet man an einem sonnigen Südwesthang mitten im Nürnberger Reichswald rund 2500 Tiere aus fast 300 Arten. In einer Felsenlandschaft aus rotem Sandstein tummeln sich Löwen und Tiger, Affen und Giraffen, Büffel, Zebras und Antilopen. 2004 wurden die Eisbärenanlage für Eisbären, Seelöwen und Pinguine sowie das Tropenhaus – das Domizil für die Seekühe – eröffnet. Was (nicht nur) die Kinder besonders begeistert: Im Delfinarium, dem einzigen in Süddeutschland, kann man Delfine und Seelöwen ganz aus der Nähe erleben. Ganz speziell für die Kleinen hat der Tiergarten seinen Kinder-Streichelzoo eingerichtet. Die Zoo-Eisenbahn, eine Nachbildung des „Adler", der ersten deutschen Eisenbahn von 1835, fährt ab Streichelzoo.

Witziges Detail einer Stadtbesichtigung: der Teufelsbrunnen an der Lorenzkirche.

Tiergarten Nürnberg
Am Tiergarten 30, 90480 Nürnberg
Telefon 09 11/54 54-8 01
www.tiergarten.nuernberg.de
täglich, Mitte März bis Anfang
Oktober 8 – 19.30 Uhr, Anfang
Oktober bis Mitte März 9 – 18 Uhr
ÖPNV: Straßenbahn 5 oder Bus 65,
(jeweils erreichbar mit U1 oder U2)

Zurück zum Thema Museum: Die Nürnberger Museumslandschaft hat außer ihrem Spielzeugmuseum noch eine ganze Palette an Tipps für Familien mit Kindern zu bieten. Das Museum für Industriekultur lockt zum Beispiel mit seinem Lern- und Spaßlabor auch den Nachwuchs und lässt außerdem 5000 Jahre Schulgeschichte Revue passieren. Kinder lieben das „Museum zum Anfassen" im DB Museum – hier dürfen sie sogar originale Signale stellen. Im Museum für Kommunikation im selben Haus (Lessingstraße) darf der Nachwuchs schon mal die Technik von gestern ausprobieren. Der „Turm der Sinne" wurde nur für 14- bis 18-Jährige eingerichtet (an der Stadtmauer beim Westtor). Alles Wissenswerte zu den Museen wie zu den zahlreichen Events für Kinder – vom Kindermuseum über das Europäische Kindertheaterfestival Panoptikum bis zum Nürnberger Kindertheater – erfährt man bei der Tourist Information.

Doch auch das „alte" Nürnberg hat Kindern unvergessliche Erlebnisse zu bieten – der Christkindlesmarkt mit seinen Bratwurst- und Lebkuchenfreuden gehört dazu. Selbst ganz konventionelle Stadtbesichtigungen lassen sich für die Kids attraktiver machen – wenn man weiß, wie und wo. Am Ring des Schönen Brunnens zum Beispiel dreht auch der fast erwachsene Nachwuchs noch mit Vergnügen, um sich was zu wünschen.

Für kleinere Kinder ist eine Kletterpartie am Sandsteinfelsen unter der Burg eine willkommene Abwechslung. Ältere Sprösslinge staunen über die Ritterrüstungen im Kaiserburgmuseum, und die Burg an und für sich finden alle Altersklassen spannend.

Ein hübsches Detail ist der Teufelsbrunnen an der Lorenzkirche (links vom Hauptportal). Am neugotischen, 1888 entstandenen Brunnen packt ein Teufelchen den Schulbuben, der beim Spielen auf dem Schulhof betrogen hat (das Motiv einer Lokalsage). Das witzige Mahnmal für mehr Ehrlichkeit anzuschauen kann ja nicht schaden …

Tipps

Nürnberg für Kinder: Was die Stadt für Kinder zu bieten hat, findet man unter www.tourismus.nuernberg.de oder bei den Tourist Informationen.

Kindgerechte Führungen: „Wer? Wie? Was? Nürnbergs Geschichte macht uns Spaß!" ist eine Standard-Führung für Kids. „Die Stadtführer e.V." führen von Mai bis Oktober jeden Sonntag um 11 Uhr gut anderthalb Stunden ab der Tourist Information am Hauptmarkt. Kindgerechte Stadtrundgänge bietet auch der Verein „Geschichte Für Alle" an. Infos bei der Tourist Information.

Museen für Kinder: Einige Nürnberger Museen haben ein tolles Angebot extra für Kinder. Staunen, Anfassen und Mitmachen ausdrücklich erlaubt. Kindgerechte Führungen bietet das KPZ – Kunst- und Kulturpädagogisches Zentrum Nürnberg im Web unter www.kpz-nuernberg.de oder per Telefon 09 11/13 31-2 38.

Erfahrungsfeld der Sinne: Der Aktionsparcours auf der Wöhrder Wiese mit über 80 Stationen gibt spielerisch Einsichten in die Geheimnisse von Naturgesetzen. Geöffnet von Mai bis September. Nähere Informationen unter www.kuf-kultur.de oder per Telefon 09 11/2 31-54 45.

Fun-Park: Bei jedem Wetter lockt der „Playmobil-FunPark" in Zirndorf. Infos zum Spielspaß rund um die Playmobil-Figuren: Telefon 09 11/96 66-17 00 oder www.playmobil-funpark.de

Auch außerhalb der Stadtmauer lohnt der Weg zu Nürnberger Sehenswürdigkeiten: Vor allem Liebhaber historischen Grüns und ländlicher Idyllen kommen auf ihre Kosten. Lohnende Ziele rund um die Stadt gibt es viele – die benachbarten Großstädte Fürth und Erlangen stehen ganz oben auf der Vorschlagsliste. Durch Nürnberg führen die Burgenstraße und die Spielzeugstraße, der Paneuropa-Radweg und die Pfade der Jakobspilger.

Rund um die Nürnberger Altstadt: Friedhöfe, Herrensitze und ein Irrhain

In den Nürnberger Stadtteilen gibt es einige Ziele, die sich auch für den weit gereisten Besucher lohnen. An die große reichsstädtische Vergangenheit erinnern hier vor allem die Friedhöfe der Sebalder und der Lorenzer Altstadt sowie ein dörfliches Idyll und ein Herrensitz im Knoblauchsland.

Zugegeben: Wer will, kann sicher auch das moderne Nürnberg in Form des Flughafens im Norden und des Messezentrums im Süden der Altstadt als Sehenswürdigkeit besuchen. Bestimmt lohnen sowohl das ehemalige Reichsparteitagsgelände am Dutzendteich als auch der 1939 im Stadtteil Mögeldorf entstandene Tiergarten Nürnberg den Weg. Die beiden Letzteren sind von Hunderttausenden besuchte Ziele.

Unbestritten lohnenswert sind außerdem die Erinnerungen an die große Vergangenheit von Nürnberg. Zu ihnen gehören die Friedhöfe der Sebalder und der Lorenzer Altstadt, die vom Neutor beziehungsweise vom Spittlertor aus bequem zu Fuß

zu erreichen sind. Nach der Pest der Jahre 1517 und 1518 verbot der Rat auf Drängen Kaiser Maximilians I. von Habsburg, die Toten innerhalb der Stadtmauern zu bestatten. Seitdem wurden die Verstorbenen der Sebalder Stadtseite auf dem – damals bereits bestehenden und nun erweiterten – Johannisfriedhof sowie die Toten der Lorenzer Stadtseite auf dem neu geschaffenen Rochusfriedhof beerdigt.

Auf dem Johannisfriedhof sind die bis Ende des 14. Jahrhunderts entstandene Johanniskirche und die 1513 er-

Bild oben: Kirchenburg im Knoblauchsland – die Wehrkirche in Kraftshof.

baute Holzschuherkapelle erwähnenswert. In der eigentümlichen Friedhofslandschaft um diese Bauten wurden Dürer und Veit Stoß, Humanist Willibald Pirckheimer, Goldschmied Wenzel Jamnitzer, Maler Anselm Feuerbach und zahlreiche weitere prominente Nürnberger unter den sargähnlichen Grabsteinen bestattet. Der am Tiergärtnertor beginnende, von Bildhauer Adam Kraft geschaffene Kreuzweg

Der Johannisfriedhof ist eine der bedeutendsten historischen Begräbnisstätten Europas. Hier ist auch das Grab von Albrecht Dürer.

Beeindruckend ist der St. Rochusfriedhof durch die strenge einheitliche Ausrichtung der Sandsteingräber. Bronze- und Messing-Epithaphien erzählen vom Leben und Arbeiten der Verstorbenen.

Tipps

Rundgänge: „Die Stadtführer e. V." führen zu den beiden Friedhöfen von St. Johannis und St. Rochus. Infos unter www.nuernberg-stadtfuehrung. de oder Telefon 09 11/6 38 38 60.

Gastronomie: In Kraftshof neben der Wehrkirche kann man gleich zweimal köstlich speisen – im „Schwarzen Adler" und in der „Alten Post".

Ausstellung: Schloss Neunhof ist nur in den Sommermonaten zugänglich. Die Dauerausstellung im Inneren – betreut vom Germanischen Nationalmuseum – zeigt das nicht eben ärmliche Leben der Nürnberger Patrizier auf dem Land.

Nürnberger Stadtteile: „Herrensitze, Werkssiedlungen und Architekturperlen" und viele weitere interessante Themenführungen durch die Stadtteile Nürnbergs organisiert der „Verein Geschichte Für Alle e.V.". Infos unter www.geschichte-fuer-alle.de oder unter Telefon 09 11/3 07 36-0.

Radfahren: Informationen zu Radtouren um die Altstadt, zum Beispiel nach Kraftshof, erhält man beim ADFC unter Telefon 09 11/39 61 32.

Schiff fahren: Nürnberg hat sogar einen Hafen. Der liegt im Süden der Stadt am Rhein-Main-Donau-Kanal. 50 000 Besucher erreichen Nürnberg jährlich per Kreuzfahrtschiff. Infos zu Ausflugsfahrten auf dem Kanal erteilt die Neptun-Personen-Schifffahrtsgesellschaft unter Telefon 09 11/67 47 75.

endet hier. In der Holzschuherkapelle findet man Krafts Grablegungsrelief.

Der Rochusfriedhof liegt in der Nähe des Spittlertors. Die dortige Rochuskapelle ist die Grablege der Patrizierfamilie Imhoff. Das Innere der kleinen Kapelle birgt zahlreiche Kunstschätze (sie können nicht besichtigt werden). Beim Friedhofseingang findet man dafür die letzte Ruhestätte Peter Vischers, des Schöpfers des Sebaldusgrabs.

Ebenfalls außerhalb der Stadtmauern lagen die über zweihundert Herrensitze, die seit dem Mittelalter um die Freie Reichsstadt entstanden waren. Ursprünglich dienten sie der militärischen Sicherung des Umlands, später wurde ein Großteil als repräsentativer Landsitz genutzt. Einige dieser Herrensitze (zum Beispiel das Zeltnerschloss oder das – nicht öffentlich zugängliche – Petzenschloss) sind erhalten. Das schönste Ensemble findet man aber ganz nah beim Flughafen Nürnberg.

Es liegt im Knoblauchsland, dem „Garten" Nürnbergs. Hier wird trotz zunehmender Verstädterung immer noch Frischgemüse für die nahen Großstädte angebaut, Spargel gestochen und Tabak geerntet. In dieser Agrarlandschaft nördlich der Altstadt findet man den kleinen, 1930 nach Nürnberg eingemeindeten Stadtteil Kraftshof. Der dortige Herrensitz wurde 1944 zerstört. Doch die erhaltene Wehrkirche ist eine der sehenswertesten Kirchenburgen Frankens. Den Wehrgang auf der Friedhofsmauer kann man teilweise begehen. Der Ostturm der Kirche mit dem Chor im Untergewölbe ist für

diese wehrhaften Landkirchen typisch. Epitaphe und Totenschilder im Inneren erinnern an die Patrizierfamilie Kreß, die in Kraftshof ihren Sitz hatte.

Das altfränkische Dorfbild hat sich noch am Kirchenvorplatz und in der Hauptstraße von Kraftshof erhalten. Von Kraftshof aus spaziert oder radelt man am besten durch die Felder zum Schloss Neunhof (es liegt in Sicht-weite). Der Bau wurde 1480 errichtet, seine Fachwerk-Zwerchgiebel machen ihn unverwechselbar. Östlich grenzt der im Stil des Barock gestaltete Park an. Den Barockgarten am Schloss kann

Das barocke „Eiermännchen" erwartet Besucher im Park von Schloss Neunhof.

man nur zu den Öffnungszeiten des Schlosses betreten. Der Blick über die Gartenmauer ist aber immer möglich.

Zwischen den beiden Kraftshofer Gasthäusern verläuft die Schiestlstraße. Sie führt nach Osten und zu einem Steinportal, hinter dem der ehemalige Irrhain des Pegnesischen Blumenordens liegt. Der barocke Irrgarten wurde 1676 angelegt, Teile sind erhalten. Beim Dichterfriedhof erinnert eine Büste an Friedrich Schiller und ein Gedenkstein in Form eines Obelisken an Dichter Wieland. Die bereits seit 1644 bestehenden Pegnesen sind übrigens die älteste ununterbrochen bestehende deutsche Literaturgesellschaft. Ihr Gründer war Georg Philipp Harsdörffer, aus dessen „Poetischer Trichter" das Wortbild des „Nürnberger Trichters" entstand. Harsdörffer liegt auf dem Johannisfriedhof begraben.

In Sichtweite von Kraftshof liegt der Irrhain. Dort steht die Büste von Schiller.

Umland: in die Kleeblattstadt Fürth und die Hugenottenstadt Erlangen

Nürnberg ist das Zentrum der Metropolregion, und die Großstädte Fürth und Erlangen sind nahe Nachbarn. In der Kleeblattstadt Fürth, einer Industriestadt mit 110 000 Einwohnern, entdeckt man Erinnerungen an Ludwig Erhard und an ein „Fränkisches Jerusalem". In der nur wenig kleineren Universitätsstadt Erlangen stößt man auf die Geschichte der Hugenotten und auf die legendäre Bergkirchweih. Ein halbes Jahrtausend „Goldschlägerstadt Schwabach" feierte Nürnbergs südlicher Nachbar im Jahr 2004.

Nürnberg und Fürth sind eine städtebauliche Einheit. Ohne Umsteigen kommt man mit der U-Bahn in nur 15 Minuten von einem Stadtzentrum zum anderen. Vom Fürther Bahnhof ist es nicht weit in die Altstadt, die im Mündungsdreieck von Pegnitz und Rednitz liegt.

In der 1000-jährigen Stadt mit dem Kleeblatt im Stadtwappen wurde nicht nur der „Vater des Wirtschaftswunders", Ex-Wirtschaftsminister und Bundeskanzler Ludwig Erhard, sondern auch der Ex-US-Außenminister Henry Kissinger geboren.

Unternehmen wie Quelle, Grundig oder Metz trugen den Namen der Stadt in die Welt. An die Blüte der Rundfunk- und Fernsehindustrie in Fürth erinnert heute das Rundfunkmuseum.

Da Fürth im Gegensatz zu Nürnberg von alliierten Bombenangriffen weitestgehend verschont blieb, ist bis heute das historische Stadtbild zum größten Teil erhalten. Mit 2000 Bau-

Bild oben: Das Jüdische Museum Franken liegt gegenüber dem Fürther Rathaus.

denkmälern weist Fürth die höchste Denkmaldichte in Bayern auf. Auffallendste Fürther Bauten sind das Rathaus mit seinem 55 Meter hohen Turm, der an den Palazzo Vecchio in Florenz erinnert und das beeindruckende Stadttheater mit seiner mit Figuren geschmückten neubarocken Fassade.

Ein Gartendenkmal von nationaler Bedeutung ist der Fürther Stadtpark – er ist ein Naherholungsgebiet und das grüne Herz der Stadt.

Fürths ältestes Bauwerk ist die Kirche St. Michael, weil kroatische Soldaten im Dreißigjährigen Krieg den Ort in Brand steckten und nur die Kirche und die Synagoge verschonten. Letztere hatten die jüdischen Mitbürger errichtet, denen seit 1528 das Bleiberecht eingeräumt worden war. Fürth entwickelte sich danach zum „Fränkischen Jerusalem". Hier gab es kein Getto. Die Angehörigen der jüdischen Gemeinde waren – oberflächlich betrachtet – gleichberechtigt. Das beim Rathaus gelegene Jüdische Museum Franken und der seit 1607 bestehende alte Jüdische Friedhof erinnern an das „Fränkische Jerusalem".

Der Stadtpark in Fürth ist ein beliebter Treffpunkt für Jung und Alt.

Tipps

Infos zu Fürth: Tourist-Information Fürth am Bahnhofsplatz 2, Telefon 09 11/23 95 87-0 oder unter im Web (www.fuerth.de).

Fürth VerFürth: Besucher entdecken bei über 30 historischen und amüsanten Themen eine charmante Stadt voller Überraschungen. Termine: Sa und So jeweils 14 Uhr. Von Mai bis Dezember zusätzlich Mi um 18 Uhr. Mehr Infos bei der Tourist-Information.

Taxiführung: Fürther Taxifahrer kennen ihre Stadt am besten. Sie bieten spezielle Sightseeing-Touren an. Buchung über die Tourist-Information Fürth oder direkt über die Taxi-Zentrale.

Jüdisches Museum Franken: Es zeigt die herausragende Bedeutung Frankens als Zentrum jüdischen Lebens in Süddeutschland. Telefon 09 11/77 05 77 oder www.juedisches-museum.org

Rundfunkmuseum: Es gewährt einen Einblick in die spannende Geschichte des Rundfunks und Fernsehens in Deutschland. Näheres im Web unter www.rundfunkmuseum.fuerth.de

Sommernachtstraum: Der Höhepunkt im Sommer ist der Sommernachtsball im Fürther Stadtpark.

Essen & Trinken: Die Fürther Altstadt ist bekannt für ihre Kneipen, Gasthöfe und Restaurants. Kultstatus hat die Gustavstraße – sie gilt als schönste Kneipenmeile der Region.

Von hugenottischen Glaubensflücht-
lingen ist dagegen das 20 Kilometer
von Nürnberg entfernte Erlangen
geprägt. Sie trugen ab 1686 den Auf-
schwung in das seit 1002 bekannte
Erlangen und errichteten eine barocke
Idealstadt mit geometrischem Grundriss – eine Stadt im rechten Winkel.
Heute sind in Erlangen das markgräf-
liche Schloss, der Schlossgarten und –
jeweils nördlich des Schlosses – die
Orangerie und das Markgrafentheater
von 1717 (das älteste noch bespielte
Barocktheater Bayerns) sehenswert.
Der Hugenottenbrunnen im Schloss-

*Blick auf die Orangerie des Erlanger
Schlosses und den Hugenottenbrunnen.*

park und die Hugenottenkirche erinnern an Erlangens Vergangenheit
als Hugenottenstadt.

In der Universitäts- und Hightech-Stadt
von heute arbeitet der größere Teil der
Beschäftigten entweder bei Siemens
(Elektro- und Medizintechnik), in der
pharmazeutischen Industrie oder an
der Friedrich-Alexander-Universität.
Ein seltsamer Kontrast zum vormals
strengen Hugenottentum sowie zur
heutigen universitären Disziplin und
ingenieursmäßigen Nüchternheit ist
die Bergkirchweih. Dieses Volksfest –
Erlangens fünfte Jahreszeit – wurde
2005 immerhin 250 Jahre alt. „Das
größte nicht überdachte Irrenhaus
Europas" nannte es ein Kabarettist.

Das Bier fließt hier in Strömen, mehr
als eine Million Menschen kommen in
zwölf Tagen auf den Burgberg, auf dem

*Die Erlanger Bergkirchweih ist das dritt-
größte Volksfest Bayerns.*

nie eine Burg stand. Da verwundert es kaum noch, dass auch Deutschlands Comic-Festival Nummer eins – der Internationale Comic-Salon – in der sonst so ernsthaften Hugenotten- und Hightech-Stadt stattfindet.

500 Jahre „Goldschlägerstadt Schwabach" feierten die 40 000 Einwohner dieser Stadt im Süden Nürnbergs im Jahr 2004. Sehenswert: das Rathaus, schöne Fachwerk-Bürgerhäuser, die Stadtpfarrkirche St. Johannes und St. Martin (1507) mit etlichen Nürnberger Arbeiten (Gemälde und Holzschnitzereien), die Spitalkirche und die Fürstenherberge. An die Hugenotten erinnert hier die puristische Franzosenkirche.

An jüdisches Leben in Schwabach erinnern heute noch die Gebäude in der Synagogengasse, wo sich neben der Synagoge auch eine wertvolle Laubhütte und das ehemalige Schulgebäude befinden.

Echtes Schwabacher Blattgold befindet sich auf den Türmchen des Rathauses.

Tipps

Infos zu Erlangen: Alle Informationen zu Erlangen gibt es bei der Tourist-Information, Telefon 0 91 31/89 51-0 oder unter (www.erlangen.de).

Infos zu Schwabach: Alle Auskünfte zur Goldschlägerstadt Schwabach erhält man bei der Tourist-Information Schwabach, Telefon 0 91 22/86 02 41, (www.schwabach.de).

In die Bleistiftstadt Stein: Im Süden Nürnbergs liegt Stein. Das ehemalige „Bleistiftmacherdorf" ist seit 1977 Stadt. Seit 1761 fertigte Caspar Faber hier die weltberühmten Bleistifte. Das aus zwei Bauten von 1845 und 1906 bestehende „Bleistiftschloss" erinnert an die Dynastie der Faber-Castell und an die Zeit, als hier das Internationale Pressecamp der „Nürnberger Prozesse" die Welt mit Nachrichten versorgte.

Fränkische Schweiz: In dieser eigenwilligen Urlaubslandschaft nördlich von Nürnberg findet man sagenumwobene Burgen und Höhlen samt Höhlenbär. Infos: Tourismuszentrale Fränkische Schweiz, Telefon 0 91 94/79 77 79 und www.fraenkische-schweiz.com

Romantisches Franken: Südwestlich von Nürnberg liegt das romantische Franken: Telefon 0 98 03/9 41 41, www.romantisches-franken.de

Fränkisches Seenland: Ein Ziel für Wasserratten, Segler und Surfer. Infos: Telefon 0 98 31/50 01-20 oder www.fraenkischeseen.de

Ferienstraßen und Radwege:
Burgen, Spielzeug, Jakobspilger

Nürnberg liegt an zwei Ferienstraßen: Die bekannteste ist die seit über 50 Jahren bestehende Burgenstraße zwischen Mannheim und Prag. Vom Nürnberger Nachbarn Zirndorf bis nach Waltershausen in Thüringen führt die Spielzeugstraße. Keine Ferienstraße, aber ein Teilstück des europaweiten Netzes der Jakobspilgerwege, ist der Fränkische Jakobus-Pilgerweg, der über Nürnberg führt. Nürnberg liegt auch am Paneuropa-Radweg.

Kaum zu glauben: Nürnberg liegt nicht an der Romantischen Straße. Ein schier unverzeihlicher Fehler der Gründer, die diese Ferienstraße zwischen Würzburg und Schloss Neuschwanstein westlich von Nürnberg in Richtung Süden verlaufen ließen. Doch dafür wurde Nürnberg einer der Höhepunkte der nur wenige Jahre später aus der Taufe gehobenen Burgenstraße.

Seit 1954 entwickelte sie sich zu einer der schönsten Ferienstraßen Europas. In ihrem Verlauf zwischen Main und Moldau, Mannheim und Prag, kann man heute insgesamt rund 70 Burgen und Schlösser entdecken. Touristische

Hochkaräter wie die Schwetzinger Residenz, Heidelberg oder Rothenburg ob der Tauber liegen westlich von Nürnberg auf der Strecke. Nördlich und östlich von Nürnberg reist man zu so bekannten Zielen wie Bamberg, Coburg, Bayreuth und Kulmbach. Über Franken folgt man der Burgenstraße durch Tschechien bis nach Prag – der Hradschin ist der krönende Abschluss. Doch auch im unmittelbaren Umland Nürnbergs finden sich Stationen der

Bild oben: Auf der Burgenstraße reist man unweit von Nürnberg in das romantische Rothenburg ob der Tauber.

Beliebte Station der Spielzeugstraße: der Playmobil-Fun-Park in Zirndorf.

Ferienroute: die tausendjährige Burg Abenberg, das romantische Wolframs-Eschenbach, Ansbach, Roth und gleich mehrere Orte und Burgen der Fränkischen Schweiz – vom Fürstbischöflichen Schloss und der Kaiserpfalz in Forchheim bis zur Burg Rabenstein.

Nicht um Zinnen, Türme und Mauern, sondern um Puppen und Stofftiere, Holz- wie Blechspielzeug und Kinderträume aus dem Plastikzeitalter geht es bei der rund 300 Kilometer langen Deutschen Spielzeugstraße zwischen Nürnberg, Zirndorf und Schwabach und dem thüringischen Waltershausen. Das Nürnberger Spielzeugmuseum – es zeigt Spielwaren von der Antike bis zur Gegenwart – ist sicher eine der Perlen dieser Route. Neben dem Museum gibt es in Nürnberg kleine Spielzeugläden zum Staunen und Shoppen: den Blechspielzeugladen, die Mario-

Tipps

Auskünfte zur Burgenstraße: Zu dieser Ferienstraße informiert der Verein „Die Burgenstraße" in Heilbronn unter Telefon 0 71 31/56 40 28 und im Web www.burgenstrasse.de. Hier kann man auch einen Prospekt anfordern.

Infos zur Spielzeugstraße: Auskünfte zur Ferienstraße gibt es beim Regionalbüro in Sonneberg unter Telefon 0 36 75/88 02 65 beziehungsweise im Internet (www.spielzeugstrasse.de).

Wandern auf Pilgerwegen: Infos zum Fränkischen Jakobus-Pilgerweg erhält man beim Fränkischen Albverein unter Telefon 09 11/42 95 82 oder im Web (www.fraenkischer-albverein.de).

Paneuropa-Radweg: Karten und Informationen zum 1570 Kilometer langen Radweg, der von Paris nach Prag durch Nürnberg führt, findet man unter www.paneuropa-radweg.de.

Diese Statue eines Jakobspilgers in der Nürnberger Jakobskirche weist auf den Fränkischen Jakobus-Pilgerweg hin.

Nürnberg liegt mitten in Europa und so führt direkt durch Nürnberg der neue Paneuropa-Radweg. Er verläuft auf der ehemaligen Goldenen Straße, die bereits im Mittelalter von Prag nach Nürnberg und weiter nach Paris führte und ist 1570 Kilometer lang.

Wer sich auf den eigenen Füßen fortbewegen will, wählt den beschaulicheren fränkischen Jakobus-Pilgerweg – er führt durch wunderbare Landschaften, vorbei an Jakobskirchen und -kapellen. Auf Spuren mittelalterlicher Wallfahrer bei ihrem Weg ins spanische Santiago de Compostela leitet dieser Abschnitt im Netz der Jakobspilgerwege (die erste Kulturroute Europas) von Nürnberg über Schwabach, durch das Fränkische Seenland nach Nördlingen. Vom Ries führt der Wanderweg nach Ulm an die Donau und zum Bodensee.

nettenmacherin oder Naumanns Puppenladen. Nürnbergs kleine Nachbarstadt Zirndorf bietet neben einer Spielzeugsammlung im städtischen Museum den Playmobil-Fun-Park, dessen Plastikfiguren Jahr für Jahr 600 000 Besucher anziehen.

Im Übrigen brauchen sich auch die „Spielzeugorte" Thüringens unter den mehr als 20 Stationen der Route nicht zu verstecken. In Sonneberg, das zu Beginn des 20. Jahrhunderts „Weltspielzeugwarenstadt" genannt wurde, erinnert heute das Deutsche Spielzeugmuseum an eine glanzvolle Vergangenheit. Im Schaumburger Land findet man die Heimat der Schildkrötpuppen, Lauscha gilt als Geburtsstätte des gläsernen Christbaumschmucks, die traditionsreiche Spielzeugmacherstadt Ohrdruf bezeichnet sich als die „Wiege der Schaukelpferde".

Geschichte(n)

1987 hatte der Europarat den Pilgerweg nach Santiago de Compostela zur ersten Kulturstraße Europas ernannt. Die Geschichte dieser Pilgerroute reicht bis in das Mittelalter zurück. Patron dieser Wallfahrt ist der Apostel Jakobus der Ältere, dessen Gebeine durch ein Wunder an die Westküste Spaniens gelangt sein sollen. Diese Legende sowie das Auffinden eines frühchristlichen Grabes im 9. Jahrhundert waren der Auslöser dafür, dass sich Jakobspilger aus ganz Europa auf den Weg zur spanischen Halbinsel machten. Die Wallfahrt nach Santiago war die drittgrößte des Christentums.

Gerade in Nürnberg angekommen? Herzlich willkommen!
Sie überlegen, wo Sie als erstes hingehen?
Unser Tipp: die Tourist Information Nürnberg!

Wir bieten Ihnen:

- kompetente und freundliche Beratung zu allen Tourismus-
  und Verkehrsfragen
- Insider-Tipps
- umfangreiches, kostenloses Informationsmaterial
- kostenlose Hotelvermittlung
- die NÜRNBERG CARD
- Stadtführungs- & Museumstheatervorverkauf
- großes Sortiment an Nürnberg Literatur
- Vielzahl von Nürnberg-Souvenirs & Geschenkartikel

… noch vieles mehr! Überzeugen Sie sich selbst!

Sie finden uns zweimal in Nürnberg:

Tourist Information
in der NÜRNBERG INFO
Königstraße 93 (gegenüber Hauptbahnhof)
90402 Nürnberg
Mo-Sa 9.00 bis 19.00
So 10.00-16.00

Tourist Information
Hauptmarkt 18
90403 Nürnberg
Mo-Sa 9.00-18.00, Mai-Okt auch So 10.00-16.00
zum Christkindlesmarkt Mo-Sa 9.00-19.00, So 10.00-19.00

Wir freuen uns auf Ihren Besuch!

Für Fragen vor Ihrer Reise:
Tel. 0911/2336-0
e-mail: tourismus@nuernberg.de

Natürlich finden Sie uns auch im Internet: www.tourismus.nuernberg.de

Noch ein paar wichtige Hinweise für die Besucher der Stadt

Wer informiert Besucher der Stadt?

Congress- und Tourismus-Zentrale Nürnberg
Postfach 42 48, 90022 Nürnberg
Telefon 09 11/23 36-0
Telefax 09 11/23 36-1 66
tourismus@nuernberg.de
www.tourismus.nuernberg.de

Tourist Information in der
Nürnberg Info beim Hauptbahnhof
Königstraße 93, 90402 Nürnberg
Telefon 09 11/23 36-1 32
Mo – Sa 9 – 19 Uhr (ganzjährig),
So 10 – 16 Uhr

Tourist Information
am Hauptmarkt
Hauptmarkt 18, 90403 Nürnberg
Telefon 09 11/23 36-1 35
Mo – Sa 9 –18 Uhr (ganzjährig)

So, Mai bis Oktober,
10 – 16 Uhr
(während des Christkindlesmarktes
verlängerte Öffnungszeiten:
Mo – Sa 9 – 19 Uhr,
So 10 Uhr – 19 Uhr)
In den Monaten November sowie
Januar bis April ist diese Service-
einrichtung am Hauptmarkt an den
Sonntagen geschlossen.

Stadt Nürnberg
Hauptmarkt 18, 90403 Nürnberg
Telefon 09 11/2 31-0
www.nuernberg.de

Bild oben: Der Dicke Turm spiegelt sich
im Schaufenster der „Nürnberg Info" in
der Königstraße beim Hauptbahnhof, wo
man eine der beiden Nürnberger „Tourist
Informationen" findet.

Stadtführungen in Nürnberg

Verein der Gästeführer Nürnbergs
„Die Stadtführer" e.V.
www.nuernberg-tours.de
(Buchungsanfragen nur über die
Congress- und Tourismus-Zentrale)

Geschichte Für Alle e.V.
Wiesentalstraße 32, 90419 Nürnberg
Telefon 09 11/3 07 36-0
www.geschichte-fuer-alle.de

Altstadtfreunde Nürnberg e.V.
Weißgerbergasse 10, 90403 Nürnberg
Telefon 09 11/24 13 93
(Telefon nur Di und Fr 15 – 18 Uhr)
www.altstadtfreunde-nuernberg.de

Segwaytour
Pretzfelder Straße 15, 90425 Nürnberg
Telefon 09 11/9 33 25-0
www.segwaytour-nuernberg.de

Solares Velotaxi Nürnberg
Landgrabenstraße 94, 90443 Nürnberg
Telefon 09 11/37 65 16-30
www.velotaxi-nuernberg.de

Nürnberger Altstadtrundfahrten GmbH
Leyher Straße 107, 90431 Nürnberg
Telefon 0171 9066390
www.nuernberg-tourist.de

Was ist um Nürnberg geboten?

Tourist Information Fürth
Bahnhofplatz 2, 90762 Fürth
Telefon 09 11/23 95 87-0
www.fuerth.de

Tourist-Information Erlangen
Rathausplatz 3, 91052 Erlangen

Telefon 0 91 31/89 51-0
www.erlangen.de

Tourist-Information Schwabach
Königsplatz 1, 91126 Schwabach
Telefon 0 91 22/86 02 41
www.schwabach.de

Tourist-Information Frankenalb
Waldluststraße 1, 91207 Lauf a. d. P.
Telefon 0 91 23/9 50-60 61
www.frankenalb.de

Tourismusverband Fränkisches Seenland
Hafnermarkt 13, 91710 Gunzenhausen
Telefon 0 98 31/50 01-20
www.fraenkischeseen.de

Tourismuszentrale Fränkische Schweiz
Oberes Tor 1, 91320 Ebermannstadt
Telefon 0 91 91/86 10 54
www.fraenkische-schweiz.com

Tourist-Information
Romantisches Franken
Am Kirchberg 4, 91598 Colmberg
Telefon 0 98 03/9 41 41
www.romantisches-franken.de

Der Weg nach Nürnberg

Mit dem Auto
Nürnberg verfügt über eine ausgezeichnete Verkehrsanbindung. Über die Autobahnen A3, A6, A9 und A73 ist Nürnberg problemlos zu erreichen. Eine gute Ausschilderung und das Verkehrsleitsystem MESSE/STADION/ARENA machen auch die Orientierung im Stadtgebiet leicht. Infos zum Parkleitsystem und zu den Park & Ride-Plätzen findet man im Web unter: www.tourismus.nuernberg.de

Mit der Bahn

Zu ICE, IC oder Regionalzügen
informiert die Fahrplanauskunft der
Bahn, Telefon 0 18 05/99 66 33 oder
im Internet: www.bahn.de
Mit der U-Bahnlinie U1 fährt man in
8 Minuten vom Hauptbahnhof zum
Messezentrum und zum Flughafen in
12 Minuten (U2).

Mit dem Flugzeug nach Nürnberg

Internationaler Airport Nürnberg
Infoline: Telefon 09 11/9 37 00

Verbindung Flughafen – Altstadt:
Mit der U-Bahn:
12 Minuten in die Altstadt,
25 Minuten zum Messezentrum

per Taxi: bei normaler Verkehrsdichte
15 Minuten in die Altstadt und
25 Minuten zum Messezentrum

Mit dem Schiff nach Nürnberg

Über den Main-Donau-Kanal nach
Nürnberg? Mehr als 50 000 Passagiere
kommen jährlich per Kreuzfahrtschiff

Nürnberg und die Städteregion bieten
beste Verbindungen per Bahn und ÖPNV.

an. Infos zu Ausflugsfahrten bei der
Neptun-Personen-Schifffahrtsgesellschaft unter Telefon 09 11/67 47 75.

Transfer in die Innenstadt:
Verbindung Hafen – Innenstadt:
17 Minuten mit dem Stadtbus 67 zur
U-Bahnhaltestelle Frankenstraße, von
dort weitere vier Stationen bis zur
Lorenzkirche mitten in der Altstadt

Mobil ohne Auto in Nürnberg

Infos zum Öffentlichen Nahverkehr

VGN Information
Telefon 09 11/2 70 75-99
Telefon 09 11/2 83-46 46
SMS 0175 4343888
www.vgn.de

Taxi in Nürnberg

Telefon 09 11/1 94 10
www.taxi-nuernberg.de

Menschen mit Handicap

Sämtliche Informationen erhält man bei den Tourist Informationen, Telefon 09 11/23 36-0 und im Web www.tourismus-nuernberg.de unter dem Stichwort „Nürnberg ohne Grenzen".
Weitere Auskünfte:
Stadt Nürnberg, Sozialamt
Dietzstraße 4, 90443 Nürnberg
Telefon 09 11/2 31-32 33

Wichtige Informationen für den Notfall

Polizei Telefon 1 10

Feuerwehr Telefon 1 12

Rettungsdienst/Notarzt: Telefon 1 12

Zahnärztlicher Notdienst:
Telefon 09 11/58 88 83 55

Apothekenbereitschaft:
www.aponodie.de

Mithilfe eines Tastreliefs können sehbehinderte und blinde Menschen den wunderbaren Blick über die Dächer der Nürnberger Altstadt ertasten.

Städtisches Klinikum Nürnberg:
Klinikum Nürnberg Nord
Telefon 09 11/3 98-0

Klinikum Nürnberg Süd:
Telefon 09 11/3 98-58 88

Frauennotruf:
Telefon 09 11/28 44 00

ADAC Pannendienst:
Telefon 0 18 02/22 22 22

Fundbüro:
Telefon 09 11/4 31 76 24

Sperr-Notruf:
EC- und Kreditkarten, Handys, Mitarbeiter-Ausweise, Kundenkarten und sensible Online-Berechtigungen:
Telefon 116 116 (bundesweit)

Nürnberger Badespaß im Freien

Freibad Stadion
Hans-Kalb-Straße 42
Telefon 09 11/86 92 87
Großes Freibad mit 10-m-Sprungturm,
Liegewiese, Kleinkinderbereich mit
Bachlauf, Rutsche, Attraktionsbecken
mit Sprudelliegen, Restaurant

Freibad Naturgarten
Schlegelstraße 20
Telefon 09 11/59 25 45
Landschaftlich reizvolles Freibad für
heiße Tage mit schattigen Liegeflächen,
Edelstahlbecken für Schwimmer und
Nichtschwimmer, Planschbecken,
Beachvolleyballfeld und Gaststätte

Freibad West
Wiesentalstraße 41
Telefon 09 11/33 02 62
Großes Freibad mit 10-m-Sprungturm,
Schwimmer-, Nichtschwimmer- und
Planschbecken, Ballspielwiese, Kinder-
spielplatz sowie Restaurant

Clubbad
Valznerweiherstraße 200
Telefon 09 11/40 45 00
Öffentliches beheiztes Freibad mit
Edelstahl-Schwimmbecken, Nicht-
schwimmerbecken, Mutter-Kind-
Bereich, Schwimmkursen, Wasserball

Langseebad
Ebenseestraße 35
Telefon 09 11/54 35 16
Großes öffentliches Naturfreibad
mit modernen sanitären Anlagen im
Pegnitztal zwischen Mögeldorf und
Erlenstegen, solarbeheiztes Nicht-
schwimmerbecken, FKK-Bereich

Schwimmbad Bayern 07 – Pulverseebad
Am Pulversee 1
Telefon 09 11/46 80 98
Beheiztes öffentliches Vereinsbad

Nürnberger Badespaß in der Halle

Hallenbad Katzwang
Katzwanger Hauptstraße 21
Telefon 0 91 22/7 66 11

Hallenbad Nordost
Elbinger Straße 85
Telefon 09 11/51 50 25

süd.stadt.bad
Allersberger Straße 120
Telefon 09 11/2 31-1 41 64

Erlebnisbäder bei Nürnberg

Fürthermare
Scherbsgraben 15
90766 Fürth
Telefon 09 11/72 30 54-0

Kristall Palm Beach
Albertus-Magnus-Straße 29
90547 Stein bei Nürnberg
Telefon 09 11/6 88 35-0
www.palm-beach.de

Sterne gucken

Nicolaus-Copernikus-Planetarium
Am Plärrer 41
Telefon 09 11/26 54 67
www.naa.net/ncp

Sternwarte
Regiomontanusweg 1
Telefon 09 11/9 59 35 38
www.sternwarte-nuernberg.de

Kinos in Nürnberg

Admiral-Filmpalast
Königstraße 11
Telefon 09 11/2 36 03 60

Cinecitta
Gewerbemuseumsplatz 3
Telefon 09 11/20 66 66

IMAX am Cinecitta
Gewerbemuseumsplatz 3
Telefon 09 11/2 06 66-7

Filmhaus im Künstlerhaus
Königstraße 93
Telefon 09 11/2 31- 58 23

Casablanca
Brosamer Straße 12
(Kopernikusplatz)
Telefon 09 11/45 48 24

KommKino
Königstraße 93
Telefon 09 11/2 44 88 89

Meisengeige
Am Laufer Schlagturm 3
Telefon 09 11/20 47 24

Metropolis
Stresemannplatz 8
Telefon 09 11/53 88 48

Rio-Palast
Fürther Straße 61
Telefon 09 11/26 00 80

Roxy-Kino
(Fremdsprachenkino)
Julius-Loßmann-Straße 116
Telefon 09 11/4 88 40

Internetadressen

www.tourismus.nuernberg.de
www.nuernberg.de
www.hotel.nuernberg.de

www.unser-nuernberg.de
www.frankenradar.de
www.franken-tv.de
www.nuernberg.bayern-online.de
www.nuernberg-tours.de
www.baukunst-nuernberg.de
www.geschichte-fuer-alle.de
www.patriziernuernberg.de

www.museen.nuernberg.de
www.gnm.de
www.nmn.de

www.messe-nuernberg.de
www.congressing.de

www.kubiss.de
www.christkindlesmarkt.de
www.volksfest-nuernberg.de
www.rock-im-park.de
www.blauenacht.nuernberg.de

www.citykirche-magazin.de
www.frauenkirche-nuernberg.de

www.vgn.de
www.nuernbergmobil.de

www.staatstheater-nuernberg.de
www.tiergarten.nuernberg.de
www.nuernbergbad.de

www.frankentourismus.de
www.fraenkisches-seenland.de
www.fraenkische-schweiz.com
www.region.nuernberg.de
www.romantisches-franken.de

Ein paar ausgewählte Lese-Tipps: im Buchhandel für Nürnberg-Besucher

Lese-Tipps zur langen Geschichte Nürnbergs sind unter anderem:

Stadtlexikon Nürnberg,
Michael Diefenbacher, Rudolf Endres u.a., 2000

Freche Putten, verführerische Frauen, wilde Männer – Entdeckungen am Sebaldusgrab,
Herbert Bauer, Herbert Liedel, 2010

Patrizier in Nürnberg – Das Geschlecht der Schürstab,
Verlag Hans Müller, 2009

Geschichte Nürnbergs,
Martin Schieber, 2007

Der Nürnberg Atlas,
Wolfgang Baumann, Michael Diefenbacher, Hiltrud Herbers, Fred Krüger, Dorothea Wiktorin, 2007

Die Nürnberger Burg: Geschichte, Baugeschichte und Archäologie,
Birgit Friedel, 2007

Die Kaiserpfalz Nürnberg,
Birgit Friedel, G. Ulrich Großmann, 2006

Nürnberg. Die mittelalterliche Stadt,
Martin Schieber 2009

Nürnberg – Die historische Altstadt,
Pablo De la Riestra, 2005

Kind in Nürnberg,
Patricia Petsch, 2009

Bild oben: Es gibt zahllose Bücher über das einzigartige Nürnberg.

Die Reichsparteitage der NSDAP in
Nürnberg,
Siegfried Zelnhefer, 2004

Nürnberg, Ort der Massen,
Eckart Dietzfelbinger, Gerhard Liedtke,
2004

Tatort Nürnberg – Auf den Spuren des
Nationalsozialismus,
Steffen Radlmaier, Siegfried Zelnhefer,
2010

Geländebegehung in Nürnberg – Das
Reichsparteitagsgelände in Nürnberg,
Markus Urban, 2006

Das Neue Stadtbuch Nürnberg,
Hans Lankes, 2009

Nürnberg 1933/1945: Stadt der
Reichsparteitage – Ein
Architekturführer,
Matthias Donath, 2010

Zwischen Bratwurst und Barock:
Fränkische Besonderheiten,
Thomas Kraft, 2006

Reichsparteitagsgelände Nürnberg.
Kurzführer,
Markus Urban, Alexander Schmidt,
2006

Lese-Tipps zu Albrecht Dürer:

Albrecht Dürer – Mystik,
Selbsterkenntnis, Christussuche,
Manfred Krüger, 2009

Der Dürer-Weg – Dürer in Nürnberg
entdecken,
Anja Grebe u.a., 2004

Albrecht Dürer – Künstler, Werk und
Zeit, Anja Grebe, 2006

Albrecht Dürer,
Heinz Lüdecke, 2008

Meister: Albrecht Dürer,
Anja-Franziska Eichler, 2007

Geniestreiche des Weltkünstlers
Albrecht Dürer,
Eva Schickler, 2005

Albrecht Dürer – Sein Leben, seine
Welt und seine Bilder,
Peter Moser, 2003

Auf den Spuren von Albrecht Dürer
nach Italien.
Herbert und Hannelore Liedel,
2006

Lese-Tipps für Genießer:

Sadd und Dsufriedn Das Neue
Nürnberger Kochbuch,
Margarete Allmächd, Albrecht
Brenzlich, Gerd Bauer, 2008

Sadd & Dsufriedn Das Fränkisch
Vegetarische Kochbuch,
Margarete Allmächd, Albrecht
Brenzlich, Gerd Bauer, 2009

Das Nürnberger Bratwurstbuch,
Jürgen Franzke, 2007

Das Nürnberger Lebkuchenbuch,
Jürgen Franzke, 2008

Marcellino's Restaurant Report
2009/2010. Nürnberg: Fürth, Erlangen
Marcellino M. Hudalla, 2009

Bildnachweis

S. 164, S. 165 (2), S. 167, S. 168,
S. 169, S. 172, S. 176 (2), S. 180 (1),
S. 182, S. 184, S. 188, S. 190/191,
S. 192, S. 195 (2), S. 196, S. 202,
S. 204, S. 206

museen Nürnberg:
S. 112, S. 114, S. 116, S. 150 (2),
S. 154, S. 186

Herbert Liedel:
S. 2/3, S. 5 (1), S. 12 (1), S. 20,
S. 122, S. 123, S. 136, S. 148 (1),
S. 156/157, S. 179

NürnbergMesse GmbH:
S. 12 (1)

Playmobil Zirndorf:
S. 201

Ralf Schedlbauer/Stadt Nürnberg:
S. 14 (1)

Staatstheater Nürnberg:
S. 14 (1), S. 178

Tourismusverband Franken:
S. 200

Wikipedia:
S. 197

Illustrationen/Karten:

Winkler Werbung, Nürnberg:
Umschlag (Titel, innen), S. 22/23,
S. 30, S. 40, S. 59, S. 68, S. 78,
S. 86, S. 92, S. 101, S. 107, S. 129,
S. 133, S. 142, S. 153

Verkehrsverbund
Großraum Nürnberg:
Umschlag (Rücktitel, innen)

Zum Autor

Seit 2003 hat Martin Kluger als Sachbuchautor für bislang fünf Verlage Stadtführer, Kulturreiseführer und Bildbände zu Augsburg und Nürnberg, zum UNESCO-Welterbe Regensburg, zum bayerischen und baden-württembergischen Schwaben, zur deutschen Donau und zum Lech in Bayern verfasst. Kluger schrieb mehrere Kulturreiseführer zu den Fuggern sowie zu den Vorfahren und Verwandten Wolfgang Amadé Mozarts.

Von Martin Kluger sind bisher unter anderem erschienen:

- W. A. Mozart und Augsburg:
  Vorfahren, Vaterstadt
  und erste Liebe (2007)

- Donauwörth.
  Der offizielle Stadtführer
  der bayerisch-schwäbischen
  Donaustadt (2007)

- UNESCO-Welterbe Regensburg.
  Zwei Jahrtausende in Bildern
  (2008)

- Regensburg.
  Stadtführer durch das mittelalterliche Weltkulturerbe (2008)

- Deutsche Donau.
  Von Donaueschingen bis Passau
  zu Natur, Kultur und Geschichte
  (2008)

- Erlebnis Stadt
  in Augsburg und im Allgäu,
  an der Donau und Ries (2009)

- Jakob Fugger (1459 – 1525).
  Sein Leben in Bildern
  (2009, mit einem Beitrag
  von Peter Geffcken)

- Die Fuggerei.
  Ein Führer durch die älteste
  Sozialsiedlung der Welt (2009)

- Bad Hindelang im Allgäu.
  Bayerns zauberhafter Süden
  (2009, Fotos von Wolfgang
  B. Kleiner)

- Augsburg.
  Stadtführer durch 2000 Jahre
  Geschichte (2010)

- Fugger – Italien.
  Geschäfte, Hochzeiten, Wissen
  und Kunst. Geschichte einer
  fruchtbaren Beziehung (2010)

- Die Fugger in Augsburg.
  Kaufherrn, Stifter und Mäzene
  (2010)

- Der Lech.
  Landschaft. Natur. Geschichte.
  Wirtschaft. Wasserkraft. (2011)

Mehr zum Autor bei Wikipedia:
Martin Kluger (Augsburg)

Impressum

NÜRNBERG
Der Stadtführer durch die
fränkische Metropole
Martin Kluger

Herausgeber:
context medien und verlag
(Reise-Taschenbuch)
ISBN 978-3-939645-37-5
2. überarbeitete Auflage,
Mai 2011

Konzeption, Grafik und Produktion:
Winkler Werbung
Werbeagentur GmbH, Nürnberg

Bibliografische Information
der Deutschen Bibliothek

Die Deutsche Bibliothek
verzeichnet diese Publikation in
der Deutschen Nationalbibliografie,
detaillierte bibliografische Daten sind
im Internet über http://dnb.ddb.de
abrufbar.

ISBN 978-3-939645-37-5
© Martin Kluger